农产品消费者行为研究

刘爱军 等 著

科学出版社

北京

内 容 简 介

随着生活水平的提高，我国农产品市场将不再短缺，想要获得更高盈利，就必须研究消费者偏好。本书共分为八章。第一章总结了农产品消费者行为研究理论和方法。第二章阐述了我国农产品市场体系发展与农产品消费的变化。第三至五章分别选择了蔬菜、鸡蛋和食用昆虫来分析消费者行为。第六章采用定性定量研究方法对农产品网购行为的影响因素进行研究。第七章和第八章分别以河蟹和猪肉为例，提出了改善物流、增强消费者信心的建议。本书集中了多领域研究成果，借鉴了国内外诸多研究方法和理论模型，极具创新意义。

本书适合农业企业管理者、经济管理类专业的教师及学生参考阅读。

图书在版编目（CIP）数据

农产品消费者行为研究 / 刘爱军等著. —北京：科学出版社，2021.3
ISBN 978-7-03-068306-9

Ⅰ. ①农⋯ Ⅱ. ①刘⋯ Ⅲ. ①农产品–消费者行为论–研究–中国 Ⅳ. ①F323.7

中国版本图书馆 CIP 数据核字（2021）第 043558 号

责任编辑：魏如萍 / 责任校对：王晓茜
责任印制：张 伟 / 封面设计：无极书装

科 学 出 版 社 出版
北京东黄城根北街 16 号
邮政编码：100717
http://www.sciencep.com

北京虎彩文化传播有限公司 印刷
科学出版社发行 各地新华书店经销
*
2021 年 3 月第 一 版 开本：720×1000 B5
2021 年 3 月第一次印刷 印张：13
字数：262 000
定价：118.00 元
（如有印装质量问题，我社负责调换）

序　言

20世纪90年代中后期，我国主要农产品总产量持续增长，随着农业技术的进步，农业抵抗自然灾害的能力日益加强，我国粮食和其他农产品实现了由长期短缺到总量基本平衡、丰年有余的历史性转变。随着我国经济的稳定发展，人民生活质量不断提高，人们对农产品种类及质量的需求日益增加。近年来国内消费者，特别是城市消费者的消费方式和消费动机发生了显著变化，由吃饱求生存向吃好求健康转变，他们对健康的注重、对品质的追求等拉动了消费升级。我国农产品需求向小型化、特产化和精致化三个方向发展。消费者对农产品生产具有越来越大的影响力。

了解消费者行为将会帮助企业的营销人员和管理人员制定、实施营销策略，并且帮助政府部门制定有关消费者的法律法规，也有助于消费者提高决策水平。农产品消费者是一切农产品市场存在的基础，如果一个农产品经营者不掌握农产品消费者的消费情况，盲目发展，势必影响其经营效益。在农产品营销过程中，必须注重对农产品消费者需求的研究，从而有针对性地制定营销策略，不断满足农产品消费者的需求，实现农产品经营者的盈利目标。

为了更好地掌握我国农产品消费的特征，笔者研究团队自2010年以来积极开展有关研究，先后获得国家自然科学基金"生鲜农产品消费者食品安全信心研究"（71273173）、南京农业大学国际合作培育课题"农产品安全认证、消费者行为与食品安全治理"（2018-EU-18）等纵向和相关企业横向课题资助，从大到小，从定性到定量，从行业到产品，采用观察法、实验法、访谈法、问卷调查法等开展有关研究，从而获得了一系列研究成果。本书是部分研究成果的总结。考虑到阅读的系统性和便捷性，本书整体上分为四个部分：第一部分主要是理论介绍，第二部分是蔬菜、鸡蛋、食用昆虫等三个具体产品的消费者行为研究，第三部分主要是围绕当前热点即网购行为研究，第四部分则是研究服务质量，具体如下。

第一部分主要是理论介绍，包含第一章和第二章。第一章对农产品消费者行为研究进行综述，主要包括消费者行为概述、农产品消费者行为及影响因素概述、农产品消费者行为研究方法综述。第二章阐述了我国农产品市场体系发展与农产品消费的变化，具体包括：我国农产品市场发展的历程、农产品市场的现状、农产品市场的消费及对未来我国农产品市场的发展建议。

第二部分以蔬菜、鸡蛋、食用昆虫等三个产品为代表分别研究了具体的消费者行为，包含第三至五章：①蔬菜消费研究。对江苏省650位消费者的调查研究表明，首先，无论是城市还是农村，消费者都比较关注蔬菜安全问题，但消费者对蔬菜安全的认知非常有限。其次，消费者非常愿意为蔬菜安全支付额外费用，但安全蔬菜价格高出普通蔬菜价格的差额应保持在消费者一定的承受范围之内。再次，蔬菜安全信息对消费者的行为有较大影响，消费者对蔬菜安全风险的防范主要依靠第三方的卫生监督和管理，而自我防范蔬菜安全风险的意识较差。最后，消费者的年龄、家人的影响、交际圈的影响和消费者的月收入等，对蔬菜安全的重视程度和消费行为具有重大影响。②鸡蛋消费研究。在总结前人研究基础上，根据信息搜寻理论及消费者行为理论进行研究。从消费者对鸡蛋食品安全认知入手，对影响消费者鸡蛋食品安全认知的因素进行探讨，并构建鸡蛋食品安全认知模型，提出相关假设，运用实证方法进行分析。回归分析结果表明：家庭中是否有老人、购买经验多少、购买时考虑价格程度及考虑鸡是否散养的程度与消费者鸡蛋食品安全认知程度显著相关。③食用昆虫食品研究。近60%的受访消费者知道市面上有昆虫食品出售。首先，消费者喜欢昆虫食品最重要的原因为"营养丰富"及"高蛋白"。其次，消费者比较看重昆虫食品"增强人体抵抗力""味道鲜美""治病""好吃"等优点。接近半数的被调查者表示不喜欢昆虫食品的原因为"惧怕"。消费者特别青睐某种昆虫最普遍的原因为"看重其丰富的营养价值"。再次，消费者青睐某种昆虫是因为其特有的味道、口感及其好吃程度。最后，消费者还比较青睐"有药用价值、可以治病"的昆虫品种。在被告知其丰富的营养及药用价值后，大部分人愿意尝试甚至增加对昆虫的消费。

第三部分主要研究农产品网购行为，包含第六章。消费者对生鲜农产品的需求越来越多，生鲜电商企业应该不断开拓市场，满足消费者的差别需求。而消费者生鲜网购意愿直接关系到生鲜农产品电子商务能否有效地进行。研究主要分析了消费者网购农产品影响因素。研究基于技术接受模型理论和感知风险理论，考虑到生鲜农产品的特殊性，引入感知网站属性和感知风险作为外部变量，建立各变量的测量量表，系统分析感知网站属性、感知风险、感知有用性、感知易用性和网购态度对网购意愿的各种影响情况。以南京市消费者为研究对象，采用结构方程模型对影响消费者网购生鲜农产品的因素进行分析。研究结论：①消费者生鲜农产品的网购态度对其网购意愿有显著的正向影响；②感知网购生鲜农产品易用性对感知网购生鲜农产品有用性具有显著的正向影响；③感知网购生鲜农产品易用性对消费者网购生鲜农产品的态度具有显著的正向影响；④感知网购生鲜农产品有用性对消费者生鲜农产品的网购态度具有正向影响；⑤感知网站属性对感知风险具有显著的正向影响；⑥感知网站属性对感知易用性具有显著的正向影响。

第四部分研究服务质量，包含第七章和第八章。服务质量是营销的关键。通过物流管理和提高消费者食品安全信心来提高服务质量是当前农产品消费研究的焦点：①河蟹物流管理研究。通过对江苏省消费者抽样问卷调查，分析了河蟹消费者的购物习惯、对品牌认知、购买河蟹的决策过程、对质量的认知、对包装和广告的认知，了解影响消费者购买河蟹的主要因素，结合河蟹的物流管理分析，提出相应策略。②消费者猪肉食品安全信心研究。以南京市所获得的数据为样本，借鉴国内外成功的消费者食品安全信心的研究，找出影响消费者猪肉食品安全信心的因素，构建消费者猪肉食品安全信心的实证测量模型。通过软件 AMOS 17.0、SPSS 17.0 及 STATA 12.0 对获得的问卷数据进行分析，对消费者的猪肉食品安全信心模型进行检验。研究结论：消费者的猪肉风险感知对消费者的猪肉食品安全信心的乐观情绪呈显著的负效应；消费者对政府的信任对消费者的猪肉食品安全信心的乐观情绪呈正向影响。消费者的焦虑特质与消费者的猪肉食品安全信心的乐观情绪呈负相关关系。

感谢国家自然科学基金（编号 71273137）、南京农业大学中央高校基本科研业务费人文社科基金专著出版资助项目为本书提供了资助。本书在写作过程中，得到了南京农业大学韩纪琴教授、王树进教授、许朗教授、胡家香副教授等指导，研究生杨春艳、王熙、王希、金黎明、黄红梅、翟亮亮、崔慧超、侯梦婷、张静等参与研究。此外还有很多老师和学生参加了有关研究数据的收集和分析，在此一并感谢。

不当之处，敬请批评指正。联系邮箱：liuaj@njau.edu.cn.

刘爱军
2020 年 10 月于南京农业大学

目　　录

第一章　农产品消费者行为研究概述 ·· 1
　　第一节　消费者行为概述 ··· 1
　　第二节　农产品消费者行为概述 ··· 9
　　第三节　农产品消费者行为影响因素研究 ·································· 13
　　第四节　农产品消费者行为研究方法 ······································· 17

第二章　我国农产品市场体系发展与农产品消费的变化 ···················· 23
　　第一节　农产品市场体系发展 ·· 23
　　第二节　农产品消费的变化 ··· 28
　　第三节　促进农产品市场体系发展的建议 ·································· 30

第三章　江苏省蔬菜的消费者行为研究 ······································· 34
　　第一节　江苏省蔬菜产业发展概况 ··· 34
　　第二节　江苏省蔬菜消费者行为调研 ······································· 39
　　第三节　促进江苏省蔬菜产业发展的对策 ·································· 60

第四章　江苏省鸡蛋的消费者行为研究 ······································· 63
　　第一节　鸡蛋产业发展概况 ··· 63
　　第二节　江苏省鸡蛋消费者行为调研 ······································· 73
　　第三节　促进江苏省鸡蛋行业发展的对策 ·································· 96

第五章　食用昆虫消费者行为研究——基于北京和南京的调查 ············ 102
　　第一节　食用昆虫产业发展状况 ··· 103
　　第二节　食用昆虫消费者行为调研分析 ··································· 106

第六章　消费者网购农产品影响因素研究 ··································· 117
　　第一节　农产品电子商务发展现状 ··· 117
　　第二节　农产品网购行为的影响因素调研 ································· 120
　　第三节　促进农产品电子商务发展的对策 ································· 131

第七章　基于消费者的河蟹物流管理研究 ··································· 134
　　第一节　河蟹产业发展状况 ·· 135

第二节　江苏省河蟹消费者行为研究 …………………………… 141
　　第三节　河蟹的物流管理分析 …………………………………… 155
　　第四节　促进河蟹物流管理发展的对策 ………………………… 162
第八章　消费者猪肉食品信心研究 …………………………………… 165
　　第一节　消费者食品安全信心概述 ……………………………… 166
　　第二节　消费者猪肉食品安全信心调研 ………………………… 169
　　第三节　提升猪肉食品安全信心的对策 ………………………… 187
参考文献 ………………………………………………………………… 190

第一章　农产品消费者行为研究概述

对消费者行为的研究起源于19世纪末，自20世纪60年代之后获得了迅猛发展，逐渐发展成为一门独立的学科，涉及市场营销学、社会学、经济学、管理学、心理学及统计学等众多学科。一直以来，国内外学者对消费者行为的研究范围较广，涵盖了各个行业与领域。学者们对消费者行为的研究从最初传统的零售行业、服务行业，继而到现今电子商务领域，其研究成果均很好地促进了市场营销相关理论的完善，为企业的营销策略及发展模式提供了科学的方案。

本章主要内容包括消费者行为概述、农产品消费者行为概述、农产品消费者行为影响因素研究及农产品消费者行为研究方法。

第一节　消费者行为概述

1943年，美国心理学家马斯洛提出需求层次理论，随后这一理论成为国内外心理学家用来阐释人类需求规律的主要理论。马斯洛将人的各种需求归纳为五大类，按照由低级到高级发生的先后顺序依次为生理需求、安全需求、社交需求、尊重需求及自我实现需求。马斯洛认为只有当人们低层次的需求得到满足后，高层次的需求才能到来，但这并不会使得低层次的需求消失。消费伴随着人类的生存与发展，是人类社会中存在的一种普遍现象。对于消费，基于需求层次理论来讲，首先是为了满足生理的需求，从而去维持自身生存与繁衍后代，其次是为了满足享受及发展等更高层次的社会性需求。

消费者行为作为一个新兴的研究领域，自20世纪60年代中期开始迅速发展。此后，学术界有关消费者行为的定义不断发展和完善。Ehrenberg（1968）认为必须以非转售为目的的购买行为才是消费者行为，这个定义将不以消费而以商业为目的的购买行为排除在消费者行为之外。Demby（1973）认为，个人或者组织评估、获取及使用具有经济性的商品或者服务的决策过程与行动就是消费者行为，这个定义并没有排除那些转售性质的产品购买。Wilimas（1980）认为任何与产品或服务购买有关的活动、意见和影响，都可以被看作消费者行为。Woods（1981）认为消费者行为是指人们为了获取自己所需要的东西时所进行的活动，包括比较、购买、使用产品和服务等内容。Loudon 和 Bitta（1984）将消费者行为定义为人们在从事评价、获取、使用和处置产品或服务时的决策过程和身体活动。Schiffman 和 Kanuk（1987）认为消费者行为是消费者在寻找、购买、使用、评定和处理希望满足其需要的产品、服务时所表现出来的行为。Blackwell 等（2001）把消费者行为描述成那些可以直接获得、消费及使用产品与服务的活动，囊括了购买决策前后所有的活动。Schiffman 和 Kanuk（1991）将消费者行为定义为：消费者为了满足需求，所表现出的对产品、服务或构想的寻求、购买、使用、评价和处置等行为，即界定消费者行为是消费者为了满足自身需求，对产品或服务所表现出来的消费活动及整个过程中所发生的决策行为。在消费者一系列的决策过程中，消费者行为是消费者在进行消费项目上所表现的内在和外在行动，这些行动往往会受到如动机、需求、性格、知觉、欲望、态度和过去经验等个体因素，以及人际互动、群体关系、组织、社会、文化与物理环境等的影响。Engel 等（1993）给予了消费者行为新的定义，他们认为消费者行为是消费者在取得、消费与处置产品或劳务时所涉及的各种活动，包括在这些行动前后所产生的决策。随后，他们又认为消费者行为是个体获得和使用经济性的商品或服务时所投入的直接行为，其中包括导致及确定这些行为的决策过程。恩格尔（1996）把消费者行为定义为人们为获取、使用、处置消费品所采取的各种行动并进行决策的过程。Kotler（1999）认为消费者行为就是关于个人、群体与组织如何选择、购买、使用及处置产品、服务及转变观念、积累经验，以满足需求的行为，其不再将消费者行为仅仅局限于个人，而是也包含了团队的行为。Solomon（2015）也认为消费者行为是消费者为了满足欲望和需求而产生的选择、消费和处置产品、服务、经验和计划的一系列过程。Kotler（1998）指出，消费者行为是一种通过了解消费者黑箱过程的研究，消费者受到外在刺激来源的影响，进而经过黑箱消费者特征与消费者决策程序处理后，产生购买决策。Blackwell 等（2001）提出消费者决策过程依次是确认需求、搜集资讯、评估方案、购买行为及购后结果。

消费者行为是与产品或者服务的交换过程紧密联系在一起的。在当前市场经济条件下，企业通过研究消费者行为以期与消费者建立长期稳定的交换关系。因而，它不仅需要了解消费者是如何获取产品和服务的，还需要清楚消费者是如何消费这些产品与服务的，以及在消费完之后产品或服务是如何被处置的。在消费者进行消费的整个过程中，其消费体验、处置旧产品的方式及感受，都会影响消费者之后的再次购买，这就表明，消费过程中发生的所有事情都会对企业与消费者之间的长期交换关系产生直接的影响。

传统上对消费者行为的研究一直将侧重点放在产品或者服务的获取上，因而往往忽视了对产品或者消费与处置方面的研究。随着学术界对消费者行为研究的不断深入，人们逐渐认识到消费者行为是一个整体，是一个过程，而获取与购买只是这个过程中的某个阶段。因此，研究消费者行为时，不仅需要调查消费者在获取产品或服务前的评价与选择行为，也需要关注他们在获取产品或服务后对其使用及处置等行为。

美国市场营销学会把消费者行为定义为"感知、认知、行为及环境因素的动态互动过程，是人类改造生活中交易职能的行为基础"。这一定义至少包含了以下三层含义：①消费者行为是动态的；②消费者行为涉及了感知、认知、行为，以及环境因素的互动作用；③消费者行为涉及了交易。

消费者行为的研究涉及经济学、心理学、行为学等学科，接下来将从上述几门学科的角度对消费者行为进行解释。

一、消费者行为的经济学解释

早期对消费者行为的研究是基于经济学理论的，认为消费者是理性决策者，消费者购买产品或服务时，以追求利益最大化为基本原则。后续研究发现消费者经常会产生冲动性购买，而且在购买决策过程中，极易受到消费者个人的认知、情绪、家庭、参考群体，甚至是广告商的影响。

经济学家认为，个人从消费中获得满足，并假设个人会考虑自己的所得水平及产品的价格水平，以此来获得最大的利益与满足。除此之外，个人能够理智地判断其自身的口味及偏好，并做出合理的购买行为。经济学者以"效用"作为衡量消费者行为的基础，这比较倾向货币性因素。支持该观点的经济学理论主要有边际效用理论、信息不对称理论、有限理性及预期理论。

（1）边际效用理论。边际效用理论是古典经济学的一个重要理论，该理论假设消费者是"理性人"，"理性人"这一假设是边际效用理论存在的必要条件，享乐主义哲学观贯穿整个理论。消费者购买行为论述的依据是自身不同的消费需求。该理论认为消费者总是以最小的投入获取最大的产出，以一定数量的货币购买到尽可能多的商品，花最少的钱买到价值最高的产品，以达到边际效用和总效用最大化。但边际效用理论难以对人的冲动性购买、习惯性购买等现象做出令人满意的解释。

（2）信息不对称理论。信息不对称理论是新制度经济学的一个重要理论，其重要假设是"市场的不完整性"，突出表现为市场信息的失衡。这一假设认为交易双方之间的信息是不对称的，并且双方对各自在信息占有上的相对地位都是清楚的。新古典经济学家认为，人们在做出选择的过程中，选择的条件往往是确定的，信息经济学家却对此持怀疑态度。他们认为，通常情况下市场中各行各业人员间的信息很难达到对称，并且原始信息数目并非无限的。人们的选择条件通常是不明确的。信息不对称理论可以解释为：交易双方对市场信息掌握的程度不同，致使市场运行效率降低。同消费者相比，商家必然更了解自己的产品，这就造成了信息在商家与消费者之间的不对称。交易双方在试图终止这种信息不平衡状态的过程中，也常常将自己掌握的商品信息透露给对方，如商家将自己商品相关信息以某种方式传递给消费者。然而，还是难以避免部分不法商家借此途径发布虚假商品信息以牟取暴利。这时，消费者自身的权益往往会受到影响。为此，消费者会采取某种措施或者思考如何去避免购买过程带来的危险，选择最恰当的方案进行商品交易。市场信息不对称使得消费者处于信息劣势，消费者面临极大的不确定性，能够感知到购买风险的存在，在行为上多表现为尽可能多地收集产品信息、尽量购买名牌产品、购买口碑较好的产品、购买自己熟悉的产品，或到自己信赖的场所去购买产品等。

（3）有限理性。这个概念是在1978年由曾经获得诺贝尔经济学奖的西蒙提出来的。西蒙指出，人不可能在方方面面都保持理性，当人们在应对不同场景时，总是会受到场景的不确定性及多样性的影响，很难做出理性的选择。在实际决策过程中，行为人通常会根据自己的经验和感受做出决定，因此其所做的决定和精准的理性间还存在一定的距离。因此，我们常常会说行为人的理性是有限的。他们追求的标准通常只是想要达到自己心中的期望值，而不是最完美的结果。边际效用理论和信息加工理论都认为消费者购买初衷都是实现自身利益的最大化，是一种理性行为。但是消费者对产品信息的了解不够深入，加之时间、精力有限，做出的选择难免出现不理想的情况。消费者在做出选择的过程中还会受各种心理因素的干扰，如价值观、利益、偏见等。

（4）预期理论。该理论的创立可追溯到1979年，提出者卡尼曼曾经荣获了诺贝尔经济学奖。他在该理论中提到，人们对未知事物的判断与确认已经和传统的期望效用理论有所不同。无论是获得还是损失都让人们本能地对风险保持规避的状态，然而获得和损失都不存在唯一的标准，需要选择适当的参照物，即人们对一种事物的渴望程度。预期理论认为，人们得到某种东西的高兴程度要远远低于失去该东西时的悲伤程度，即失去往往才是消费者最在乎的。所以消费者在购买过程中不仅会考虑商品的价值能否最大化，还会谨慎考虑如何有效减少损失和避免犯错。

二、消费者行为的心理学解释

心理学家认为每一个消费者的行为背后必定隐藏着其行为的原因与动机。心理学家的观点较侧重于影响个人的内在因素，如认知、动机、学习及本能等。支持该观点的理论主要是信息加工理论和习惯建立理论。

（1）信息加工理论。大约在20世纪60年代，美国一个心理学派创造了认知心理学派，信息加工理论是认知心理学观点在消费者行为研究上的应用，该理论假设前提是"人是理性的"，并指出刺激的重要性，但认为影响人类行为的因素并不只这一种，刺激与行为之间存在一系列中间变量，而且这些变量之间及变量与行为之间都存在复杂的关系。人的大脑中充满未知因素，就像"黑箱"一样很难让人发现其内部到底装的是什么物质。只有通过对夹杂在行为和刺激间的变量进行分析，才能更彻底地了解人的大脑。认知心理学包含了对大脑及刺激和行为间的变量分析，并建立了刺激—个体生理心理—反应（stimulate-organism-response，S-O-R）模型。在信息加工理论中提到，人的消费行为就像在不断地处理着各种信息一样，而主体正是消费者本身，其具体任务包括对信息的输入、选择性注意、编码及存储、提取，具体过程如图1-1所示。如果消费者看到的产品包含大量信息，需要进行筛选时，消费者就会注意对每个信息进行思考和确认，然后再确定有无购买此商品的必要。

输入产品信息 → 选择性注意 → 编码及存储：选择性加工保持 → 提取：形成购买决定和行为

图 1-1 信息加工理论

（2）习惯建立理论。该理论是由著名的心理学专家Watson提出的，主要用于研究人们的行为。Watson是行为主义研究学界的先驱，他曾提出一种观点：以往消费者在产品的购买和使用过程中如果不存在负面情绪，就可能将这种行为永久地保持下来。消费者购买行为的实现需要消费者对产品有需求及产品的特性符合消费者的需求。如果消费者成功地买到了自己想要的产品，并且整个过程都十分愉快，产品后期无质量缺陷等问题，那么消费者下次会自然而然地按照这种模式继续购买相应的产品，在整个类似习惯的过程中，消费者的认知程度表现得非常低，甚至没有认知。习惯建立理论认为，人的全部行为都可以分析为刺激与反应，刺激与反应的基本联结为反射，一系列复杂的反射就成为习惯，而消费者的购买行为实际上是一种习惯的建立过程，消费者对消费对象和消费方式的喜好是在消费和重复使用中不断建立起来的，是一种固定化反应模式，这个过程不需要认知过程的参与。

三、消费者行为的行为学解释

行为学学者认为，消费者行为是一个决策过程。该决策过程的部分内容可以被观察到，如消费者的个人特征、消费者购买或者不购买的行为及消费者购买的具体产品等，但是，消费者真正的购买决策是在消费者复杂的内心世界中完成的。古典行为科学认为，可以观察的输入和输出之间的决策过程是被一种随机过程所替代的，通过对现在的可观察行为的分析可以预测未来可能发生的购买行为的变化。用于解释该随机过程的理论主要有认知失调理论、感知风险理论和关注理论。

（1）认知失调理论。该理论 1957 年由美国心理学家 Festinger 提出。该理论认为，当个体拥有两种态度、思想和信念等认知而彼此产生不协调时，内心会产生一种条件反射，个体会选择其中一种认知，努力使信念与态度保持一致，从而尽量减少失调。该理论假定，任何个体都会由于环境刺激而感受到内心的不稳定，具体表现为紧张、焦虑、不安等心理失衡的紧张状态，原有的平衡会被打破，在这种情况之下，个体会努力摆脱这种紧张状态，以重新达到内心的平衡。

（2）感知风险理论。此概念最初是哈佛大学学者 Bauer 在 1960 年由心理学领域引入到营销学领域。该理论认为，消费者的任何购买行为，都可能面临未知的结果，而其中一些结果可能会令消费者不愉快，这就是消费者感知风险。当消费者在进行消费时会面临产品功能风险、生理健康风险、经济风险、社会风险、心理风险和时间风险六种主要风险类型。例如，当消费者认为某种产品存在质量缺陷在使用中会不安全时，就会考虑放弃对此产品的购买而转向购买其替代品或他认为安全的产品。消费者为了控制购买决策所带来的风险，在做出决策时总是会考虑使用一些风险减少策略以尽可能控制风险的发生。消费者常用的减少风险的方法有：尽可能多地收集产品相关信息；尽量购买自己使用效果较好的、熟悉的产品；通过信誉较好的销售渠道购买产品；购买价格较高的产品，价格与质量往往是成正比的；寻求质量安全保证，如企业提供退货、换货制度，质量检测报告等。

（3）关注理论。该理论主要强调消费者对某一事物的内心投入和自我参与，即对该事物的关注度。关注度可区分为高关注度和低关注度，高关注度指消费者对该事物具有积极的、强烈的关注和参与，从而影响到消费者的信息收集、购买决策及购买评价；而低关注度恰恰相反，主要表现为消费者对该事物的关注和参与意愿较弱，内心紧张感一般，购买决策过程较短。例如，当消费者购买葡萄酒用于自己饮用时，对于品牌关注度会比较低，而将其作为礼品赠送时，则会考虑到情境和面子，往往会购买品牌知名度相对较高的葡萄酒。

四、其他学科对消费者行为的解释

对消费者行为的解释还包括社会学家观点、人类学家观点等。社会学家认为消费者行为具有社会倾向性，容易受到社会倾向性的影响，形成消费者行为上的差异，重点研究社会性变量对行为的影响，如社会群体、参考群体等。人类学者以人类的民族特性作为分析行为的变量，着重在文化形态、文化差异及文化变迁等方面进行研究。下列是学者对消费者行为特点的不同观点。

（1）消费者行为是满足需要与欲望的一种手段。人们为了自身的生存与发展，会对食物、衣服、房子、交通工具，甚至尊重等产生需求，这些存在于人本身的生理、安全、社交、尊重及自我实现的需求中，而非市场营销者创造的产物。人的欲望的形成往往会受到外界环境的影响。为了满足自身需求与欲望，消费者往往会通过努力与金钱等去获取所需有形物质产品及无形服务。

（2）消费者的需求是通过交换来实现的。交换的目的在于提高自己所拥有的资源的总效用，消费者通过获取产品或服务来满足自己的需求或欲望，以此增加总效用。消费者行为是由两个或两个以上的人或组织互相提供和取得有价值的东西的交换行为，是营销活动不可缺少的一部分。这种交换行为不仅指发生交易时的行为，还应包括在发生交易前后的行为。消费者各阶段购买行为所考虑的各种事项如图1-2所示。

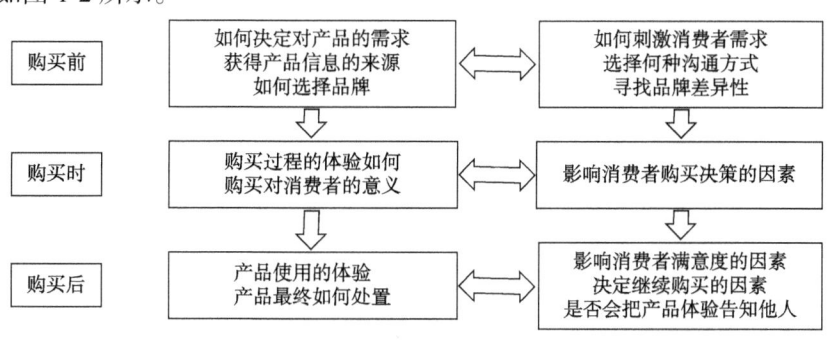

图1-2 各购买阶段消费者行为

（3）消费者行为是一个复杂的、多层次的过程。研究早期，学者普遍认为消费者行为只是购买行为，侧重于研究消费者购买时与商家发生的相互关系，强调购买时消费者与生产者之间的相互影响。现在学者和企业都已认识到消费者行为不只是发生交易那一刻的行为，而是一种持续的过程，且复杂多变，是多种因素共同作用的结果，在做出某种行为时也可能是某一种因素的作用结果，因此即使是相同的刺激在每个消费者身上也可能会出现截然不同的效果。

（4）消费者行为在某种情况下会有许多不同的参与者。一般情况下，我们会认为商品的购买者和处置者是同一个人。然而在现实生活中存在这样一种现象，消费者购买产品并不是为了自身消费，产生消费行为的主要目的是送礼，这种情况下，消费者行为往往会涉及许多不同的人。例如，市场上存在的精美礼盒装茶叶，有些购买者并不是自己享用这些产品，而是用来当作礼物送给别人。在其他情况下，可能有另一部分人扮演着影响者的角色，如同行的朋友或者超市导购员，他们通过劝说或者提供对此产品的购买意见从而让消费者感觉到需要采取某种消费行为，但实际上自己并不需要去购买或者使用。

不同的参与者还体现在消费者的形态类型上，消费者可以分为个人消费者和组织消费者。消费者一般指个人消费者，他们往往会为了满足自己的需要和欲望去购买和处置产品，消费者也可能是一个组织或一个团体，这种情况下，消费计划可能由某个人单独决定，也可能是很多人一起决定的结果。例如，在为整个公司制订消费计划时，消费物品类型一般由公司各层级管理人员、人力资源部门人员等一起决定，但当决定了消费物品类型，在执行计划做出具体的消费行为时，如在选择某种品牌时，可能就会由具体的执行人决定。在我们日常生活中，家庭物资的采购过程中，不同的家庭成员也都扮演着不同的角色。

消费者行为是指消费者为获取、使用和处置物品或服务所采取的各种行动，包括先于且决定这些行动的决策过程。消费者行为是一个整体，既包括获取产品或服务前的评价与选择活动，也包括获取后对产品的使用与处置等活动。消费者行为过程包括五个阶段：①认识需要，即当消费者感到现实与期望目标之间有差距时，便产生了解决问题的需要，期望通过购买商品来满足需要；②收集信息，信息来源的渠道有很多，如经验来源、人际来源、商业来源、政策来源等；③比较选择，消费者不断比较自己收集到的信息，并对所需的不同商品形成不同的看法，进行比较选择，最后决定购买；④购买行为，这是消费者行为的关键阶段，在进行比较之后，如无他人态度或意外情况干扰，消费者可考虑何时购买、购买哪种商品、购买多少等购买博弈策略，若有外界干预，则考虑延迟购买或者不购买；⑤购后感受，即消费者对自己所购商品通过使用和消费后与预期的比较。购后满意程度将直接影响他人购买行为和对企业信誉、品牌形象的认知。

第二节 农产品消费者行为概述

一、农产品概念界定

农产品的概念有狭义和广义之分，狭义的农产品是指粮食、油料、棉麻和糖类等；广义的农产品指的是农、林、牧、副和渔业产生的产品及副产品。但是两种分法都有一定的缺陷，狭义的定义过于狭窄，广义的定义则过于笼统。

本章采用产品本身的品种属性和生产部门两个标准来界定农产品的范围。随着农业现代化和产业化的发展，农产品深加工程度也在持续提高，经过加工的农产品在农业产值中的比率逐渐提高，所以农产品的界定不仅包括农业部门生产的原始农产品，还要包括加工农产品。当然，这样的分法也存在一定的缺点，农产品加工部门并不确定，范围和程度也过于宽泛。例如，小麦等农产品可以由工业企业当做原材料购进生产，也可以由农业部门生产，棉花和树木分别是衣物和桌椅的原料，但是衣物、桌椅显然不是农产品。

基于上述农产品界定存在的问题，总结学者对农产品的看法，本章认为，农产品是指以第一产业当作生产主体生产的初级农产品和部分经过加工处理的农产品，大致可以分为如下三类：第一类为食品或用作食品加工的农产品，如粮、菜、奶、调料、植物油、蜂产品、茶，以及水、林、副业产出等；第二类为日常使用的农产品，如花卉、书、烟叶等；第三类为作为食品添加剂和品质改良剂原料的农产品，如纤维类经济作物、淀粉类经济作物等。

二、农产品消费者行为分析

（一）农产品消费者行为的含义

从实证主义角度来说，消费者购买过程可以分为信息搜索、问题确认、决策方案的评价、购买决策及购买后行为等五个部分，也就是消费者经历了对农产品的认知，进一步形成关注农产品质量安全的态度再到进行购买决策行为这样一个循环的过程，我们将其定义为农产品消费者行为。

1. 行为

行为是有机体在外界环境的影响和刺激下，所引起的在生理和心理方面的外在反应。它是个体与环境交互作用的结果。人类个体的行为受到人的内部特征和外部环境两方面的影响因而十分复杂。每个人都是一个独特的个体，相同环境也可以表现出不同的行为。另外，人的行为也会受到环境的影响，不同的环境也会导致不同的行为。

2. 农产品消费者行为

如果人的行为发生在消费者的购买活动中，就自然产生了消费者的购买行为。那么消费者在购买农产品的过程中，自然而然就产生了农产品消费者行为。农产品消费者行为是指消费者为了满足某种需要，以货币换取农产品的行动。每个人为了维持生存，都必须不断地消费他们所需要的各种物品来满足其生理和心理上的需要。所以，消费者行为是人类社会生活中最普遍的一种行为方式。它广泛存在于社会生活的各个时空中。从广义的角度来看，消费者行为是指消费者个人或其家庭为了满足需要而进行的一切活动，包括寻找、购买、评价商品和劳务等一系列过程。消费者行为的形成既涉及消费者自身的原因，又关系到商品及社会环境的因素，交织着复杂的理性和感性因素。

（二）消费者购买农产品行为的一般特征

由于消费者购买农产品行为的影响因素有很多，且消费者行为本身是复杂多变的，只能以抽象的方法来分析其一般特征，具体包括如下几个方面。

1. 消费者行为是消费者心理的外在表现

消费者的心理现象是消费者行为的内在制约因素和动力，消费者的心理活动过程和个性心理特征是消费者心理现象的两个方面，它们制约着消费者的一切经济活动，并通过消费者的消费行为具体地表现出来。因此，我们在分析消费者行为时，必须将消费者的购买活动与其心理过程和个性心理特征紧密结合起来。例如，在日常饮食、必需品消费中，女性更注意优先安排家庭成员的饮食、生活消费需要，优先购买日常生活用品，如生鲜农产品等。女性消费者一般感情细腻，反应敏感，富有想象，逻辑思维能力较弱，而男性会更多地考虑利害关系，注重家庭的长远生活目标。在女性中，已婚女性与未婚女性又存在着差别，已婚女性由于她们主要料理家庭的日常消费，因而她们更注意优先安排家庭的日常消费需要，优先购买日常生活用品，而未婚女性则尽可能地去追求生活的质量。

2. 个人的消费者行为受到社会群体消费的制约与影响

人类个体不仅是自然人、经济人，而且是社会人，归属于某一社会群体，如归属于某一家庭、某一社会群体或某一民族、种族等。作为某种社会群体成员的消费者，其消费行为必然受到所处自然环境和社会环境的影响。例如，在本书第七章对南京市消费者网购生鲜农产品意愿的调查中，有大学生消费者表示自己网购水果的行为会受到同寝室其他同学的影响，如果有同学在某一家买的水果质量比较好，那么下次他会更趋向于在此家购买，反之亦然。

3. 消费者行为具有明确的目的性

消费者购买农产品的目的是满足自我需求，消费者行为的直接目的是实现消费者的消费动机，所以消费者行为的目的是非常明确的。例如，消费者去一水果店购买水果的原因一般包括以下几个：一是充饥或补充营养；二是对一种口味的好奇或追求；三是证实他人的说法或者广告宣传的内容等。

4. 消费者行为具有很强的自主性

消费者行为的自主性是消费者行为区别于其他行为的重要标志之一。任何消费者行为的进行都是在人们自主支付了货币之后才实现的，这一基本条件的限定决定了消费者行为必然是要以自觉、自愿地支付货币并取得农产品的所有权为特征，也就是说，消费者的消费行为是自主地进行的。

5. 消费者行为具有很强的关联性

当消费者满足了一种消费需求和实现了一种消费动机的时候，他可能会为了得到更加满意的消费效果，而对另一些相关的商品产生消费需求和消费动机，这是关联性的表现形式之一，另一种表现形式是，当消费者满足了一种消费需求和实现一种消费动机的时候，还可能会产生新的消费需求，并因此而激发新的消费动机。例如，在农产品购买中，如果消费者购买了生牛肉，那么他有可能需要生姜、葱、油、盐等辅料来满足对熟牛肉的需求，也有可能吃了牛肉之后，发现需要补充维生素，于是增加了对水果的需求，从而产生购买水果的动机。

6. 消费者行为具有发展变化性

从消费者本身的角度来说，消费者的生理和心理的变化，都会对消费者行为带来影响。比如，年龄的增加、消费习惯的改变、某一时间内的情绪与情感的变化、个人生活中的重大改变等。从消费者所处的社会环境的角度来看，社会的风俗习惯会因实践的推移而改变，原来的面貌、消费时尚、潮流等也会不断更新，消费者所处环境的物质文明和精神文明的状态都会不断改善，所有这些都会改变消费者的购买行为。所以，消费者的消费行为会随着消费者本身及社会环境的发展而不断变化。

三、农产品消费者行为的模式分析

由于消费者消费观念、购买动机、购买习惯等诸多方面的不同，消费者的购买行为也千差万别。但是在消费者的购买行为中，仍然存在某种共同的、规律性的特征。鉴于消费者行为在人类行为体系中的普遍性与重要性，为了更好地解释消费者行为的规律性，许多学者尝试建立描述这种行为的作用机制的标准模式。有关这方面的研究很多，本章在此选取三类适合农产品消费者行为的最基本的模式。

（一）刺激-反应模式

刺激-反应模式是对消费者行为分析最普遍的模式。如图 1-3 所示，消费者购买行为是一个由刺激向反应转换的模式。该模式强调，所有消费者的购买行为都是由刺激引起的，这种刺激可以来源于外界环境，如社会的经济情况、政治情况、文化因素等，也可以来源于消费者内部的生理和心理因素，如需求、动机、观念、态度、习惯等。消费者的购买行为是一种内在的心理过程，是消费者内部自我完成的，像一个暗箱，外界捉摸不透。外部的刺激经过暗箱（心理活动过程）产生反应引起行为，只有通过行为的研究才能了解心理活动过程。

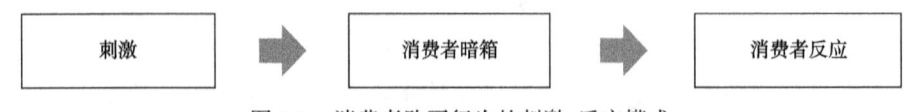

| 刺激 | ➡ | 消费者暗箱 | ➡ | 消费者反应 |

图 1-3　消费者购买行为的刺激-反应模式

（二）霍华德-谢思模式

霍华德-谢思模式由霍华德于 20 世纪 60 年代提出，后经修改在与谢思合作出版的《购买行为理论》一书中正式被提出，如图 1-4 所示。

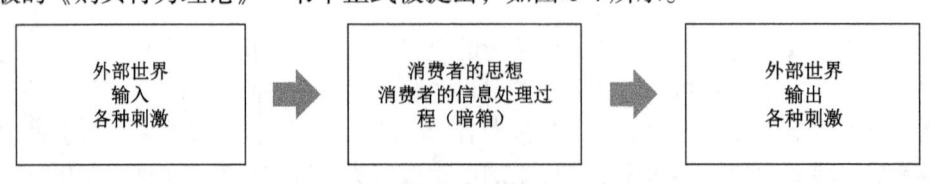

| 外部世界
输入
各种刺激 | ➡ | 消费者的思想
消费者的信息处理过程（暗箱） | ➡ | 外部世界
输出
各种刺激 |

图 1-4　霍华德-谢思模式

霍华德和谢思认为，消费者购买行为模式是一种由外部刺激引起并由此产生的输出过程，它可以记录由什么刺激而产生什么结果，而消费者行为的内部过程是消费者信息处理的过程。消费者信息处理过程就是消费者在接受外部刺激时的思想和做出的反应，它可以对上述暗箱进行改进，即原来模式中的暗箱可以被消费者信息处理过程所代替，从而成为更完善的模式。

（三）认知模式

这种模式认为消费者在其消费观及消费需求等因素的驱动下，产生了对某类产品的兴趣，经过感觉、知觉和联想，又引起消费者情绪和情感上的变化，再加上消费者意志的影响和一定的外部刺激，使消费者产生了购买经验，养成了购买习惯，从而改变或坚定了消费观念。这种思路在概括消费者行为的一般规律方面有效，但是不能被用于消费者行为的预测和判断，难以准确地解释消费者的心理活动过程，尤其对个体消费者行为更是如此。另外，由于影响消费者心理活动过程的因素太多，这些因素又是不断发展变化的，很难形成一个公认的消费者心理活动过程模式。认知模式是对这一种研究思路的总称，这一模式还存在一些难以解决的问题，在指导企业经营方面也不如刺激-反应模式更具实用性，但随着研究的深入和一些重大理论问题的不断解决，这一研究思路应当具有更为广阔的前景。

第三节　农产品消费者行为影响因素研究

在消费者行为研究学中，学者们把影响消费者行为的因素划分为两大类，即内部因素和外部因素。农产品消费者行为同样具有共性，本节将从内部因素和外部因素两个方面来讨论和研究影响农产品消费者行为的因素。其中，内部因素主要是指个人因素，包括年龄、性别、个性、职业和收入；而外部因素主要是指自然环境、经济环境、政治法律环境、文化环境、社会群体环境和家庭这六大因素。

一、内部因素

消费者的购买行为与其个人心理及个人特性有着密切的关系。一般来说，个人因素的不同，会使消费者行为产生很大的差异。这些因素包括年龄、性别、个性、职业、收入等。

（一）年龄与消费者行为

人的生理、心理状况和人的社会、家庭角色等，都是人自身年龄的函数。因此，年龄对消费者行为有重要影响。首先，不同年龄的人自身需求不同，除了生理需求会发生变化外，生活目标和精神需求也会发生变化；其次，不同年龄的人心理状况也会存在差异，如儿童易受刺激，易受情感支配，较少受传统习惯的影响，而中老年正好相反；再次，不同年龄的人所处地位往往不同，由于在社会中和家庭中的地位不同，就会有不同的收入及消费决策权。最后，由于个性和其他因素的差异，同一年龄层的人也会有不同的消费者行为。

（二）性别与消费者行为

人的性别差异会随着年龄的增长，以及家庭生活和社会生活的开展而日益显现出来。不同性别的人其生理机能和心理活动存在差异，因此，性别因素对消费者行为有很大影响。例如，一般来说男性会较多地考虑利害关系，注重家庭的长远生活目标；而女性懂事较早，感情细腻，反应敏感。这些都会导致他们在消费时产生不同的心理进而导致不同的消费者行为。

（三）个性与消费者行为

每个人都有个性，个性的形成是十分复杂的。它是人们在一定的生理基础上，在一定的社会历史条件下，通过社会实践活动形成和发展起来的。它主要表现在基本神经反应的固有品质、天资和气质等方面。社会的发展是以充分发展人的个性为目标的。在需求层次理论中，追求自我价值的实现居于需求的最高层，发达国家消费发展的历史及我国消费发展的过程都说明，追求消费中的个性是消费者越来越强烈的需求。这里，个人因素中的兴趣、能力、气质、性格等对消费者行为有重要影响。

（四）职业与消费者行为

消费者的职业对消费者行为有直接影响。由于现代社会存在着复杂的分工体系，我们不可能一一分析三百六十行职业对消费者行为的各种影响，而只能说明职业的不同会对消费者行为有不同的影响。不同职业的人在消费活动中需求的象征物往往不同。每个人都常常希望自己的消费者行为与实际的或希望的身份相吻合，这说明职业或希望的职业对消费者行为有影响。

（五）收入与消费者行为

在市场经济条件下，几乎任何消费者都要用自己的收入到市场上去购买产品，因此收入必然会对消费者行为产生重要的影响。收入包括个人收入和家庭收入，个人收入能够反映出该消费者的职业性质，但是，由于家庭是更为实在的基本消费单位，因而家庭平均收入直接决定着家庭的消费者行为。

二、外部因素

消费者行为是人类满足个人需求的手段和途径之一，也是现代人类社会成员的共有行为，除了受内部因素的影响，还会受到自然环境、经济环境、政治法律环境、文化环境、社会群体环境和家庭等客观因素的影响。

（一）自然环境

自然环境直接构成了消费者的生存空间，在很大程度上促进或抑制了某些消费活动的开展，因而自然环境对消费者行为有着明显的影响。主要包括地理位置，不同区域的消费者，由于所处地域的不同，消费需求和生活习惯存在很多差异。比如，南方与北方的消费者、城市与农村的消费者、内陆与沿海的消费者，他们在消费习惯及消费偏好等方面均因其所处地理区域不同而表现出巨大差异。另外，气候条件也会对农产品消费者行为造成影响。同样，自然资源是人类赖以生存的物质基础，自然资源的开发、利用程度及储量与消费者的消费活动也存在极为密切的关系。例如，当一些重要的资源出现紧缺时，将抑制消费者的消费需求，或者引发其他消费需求。

（二）经济环境

在诸多影响消费者行为的外部因素中，经济因素对消费者心理的发展、变化起着决定性的作用，因而成为最主要的影响因素。主要包括经济发展水平的影响，经济发展水平在总体上影响并制约着消费者心理与行为的发展变化，随着我国经济的快速发展，新产品的更新换代速度日益加快，这必将引发消费内容和消费方式的不断更新，使人们的消费层次、情趣及消费的广度和深度都得到发展。另外，产业结构的调整也对消费者行为产生不小的影响，第三产业比重不断增加，对消费者的行为产生了较大的影响，甚至改变了他们的消费方式，消费者更加注重对服务消费的需求，也更加注重精神消费。除此之外，物价和商品零售额也会对消费者行为产生影响，商品价格的变动会直接影响消费者对产品的需求量。

（三）政治法律环境

政治法律环境涉及一个国家的政体、社会制度、政府更迭、社会稳定性及相关法律的制定颁布等要素。这些要素会直接或者间接地影响消费者的消费心理，进而影响其消费者行为。政治环境不稳定，如政党纷争剧烈、社会动荡不安，人民群众就会产生各种疑虑和担心，对未来失去信心，体现在消费活动上，就是消费信心下降，未来预期悲观，抑制消费、谨慎消费成为主导性消费者行为。

（四）文化环境

文化环境对消费者行为的影响是潜移默化且根深蒂固的。正因为如此，文化环境对消费者的影响作用越来越被重视。大量实例证明，不同国家、地区、民族的消费者，由于文化背景、宗教信仰、道德观念、风俗习惯及社会价值标准的不同，在消费观念及消费者行为方式上会表现出明显差异。

（五）社会群体环境

社会群体是由具有相同或类似社会地位的社会成员组成的相对恒定的群体，处于不同社会群体的消费者，由于其收入水平、职业特点不同，在消费观念、审美标准、消费内容和方式上也存在差异。社会生活中，每一个消费者都属于一定的社会群体。同一群体的消费者在价值观念、态度和行为方式等方面具有同质性，不同群体的消费者则在这些方面存在较大差异。因此，研究社会群体对于深入了解消费者行为具有特别重要的意义。

消费者行为学中讨论社会群体，一方面是为了研究不同群体的消费者在购买、使用、沟通、个人偏好等方面具有哪些独特性，另一方面是为了了解哪些行为被限定在某一特定群体的行为领域之内，哪些行为是各社会群体成员所共同具有的。例如，不同社会群体的消费者所选择和使用的产品是存在差异的。

（六）家庭

家庭是与消费者关系最为密切的初级群体。家庭是指建立在婚姻关系、血缘关系或继承、收养关系的基础上，由夫妻和一定范围内的亲属结合组成的一种社会生活组织单位。因家庭的规模、类型及所处生命周期的不同，消费者的购买内容、购买意向也会有明显不同，在我国，家庭是消费的重要单位。在家庭影响因素中，基本消费价值观、生活目标、行为准则都会对消费者的购买行为产生重要的影响。

第四节 农产品消费者行为研究方法

消费者行为研究涉及许多范畴，所以有"跨学科之说"。农产品消费者行为研究方法大致可分为两大类：实证主义和阐释主义。实证主义强调了科学的客观性，并视消费者为理性决策者，相反，阐释主义观点强调消费者个人经验的主观意义，并认为任何行为都是受多重原因而不是单一原因支配的。

现代消费者行为研究以实证主义方法为主流，实证主义的研究方法来源于自然科学，包括实验法、调查法、观察法等，其结果是对比较大的总体进行描述、检验和推理，收集的数据是量化的实际数据，并利用计算机对它们进行统计分析。

研究方法是人们探索解决问题、实现预期目的的途径和手段。方法正确就能实现事半功倍的效果；反之，则会事倍功半。在选择合适的研究方法之前，必须要确定研究原则。

一、研究原则

研究的目的是系统地、正确地认识客观事物，并揭示其运行的规律，寻求正确的工作对策和方法。为了能够科学地研究农产品消费者的心理和行为，揭示心理与行为之间的关系、实质、规律、机制，必须要遵循以下几个基本原则。

（一）客观性原则

客观性原则是进行科学研究的基本准则，指研究者必须要尊重客观事实，按照事物的本来面目来反映事物。在搜集资料、分析资料及得出结论的过程中都不掺杂研究者的主观因素。对于消费者行为来说，要从消费者心理活动产生的客观条件及其表现揭示心理活动发生、发展的规律性。消费心理是由客观存在引起的，对任何心理现象，必须按照它们本来的面貌加以考察，不能脱离实际去主观臆断。这个原则就要求研究者必须在消费者的消费行为过程中去研究其心理活动。

（二）发展性原则

发展性原则是指运用动态的、连续的观点在事物产生、延续、发展、变化的过程中进行研究的原则。市场发展得很快，消费者的行为也在不断地变化，所以必须在发展中去研究，这一原则要求不仅要对已经形成的消费心理与行为做出描述，而且要阐明那些潜在的、新的心理与行为特点。

（三）科学性原则

科学性原则是指研究必须依据科学方法建立具有学科特色的体系。这主要体现在针对不同范围如何科学选择和抽取样本，如何正确运用定量资料和定性资料进行总结和分析等问题。

遵循科学性原则，一是要求研究成果要用数据、资料说话，观点不能凭空臆造；二是要求研究的材料必须与观点一致；三是要求研究结论与研究材料之间要有严密的逻辑性。科学性原则说明，客观事实只能有一个。

（四）联系性原则

联系性原则是指把世界看成是一个普遍联系的网，把其中存在的各种事物和现象作为网上的纽结进行研究，从而把握事物之间的关系及其相互制约性。

（五）综合性原则

综合性原则就是在研究中要按照由部分到整体、由个别到一般的规律去分析问题。近年来，各类消费者的需求出现了明显的层次性和个性化倾向，个性在消费者行为的研究中占有越来越突出的地位。综合性原则要求研究者首先要认清个别消费者在不同生活、活动条件下的心理和行为，并通过综合分析弄清全部个别心理和行为表现的相互联系，找出体现某个消费者整体特点的稳定心理和行为特征。其次，要通过对某类消费者的个别心理和行为现象进行分析，概括出此类消费者的共同消费心理和行为特征。

需要注意的是，研究消费者心理与行为，在遵循上述原则的同时，还要根据研究任务的需要，选择适当的方法。

二、农产品消费者行为研究的资料收集方法

农产品消费者行为研究的出发点和归宿是为了运用，指导实际的工作。这一性质决定了基本研究方法主要包括观察法、实验法、访谈法和问卷调查法等。这些资料收集方法都涉及按照一定研究程序进行统计检验，对所要解决的问题进行研究的基本过程。

（一）观察法

观察法是科学研究中经常用到的一种方法，简单实用，也是研究消费者行为学的一种常见方法，对于农产品消费者行为同样适用。在市场营销活动中，观察者依靠自己的视听器官，通过消费者的外部表现（动作、行为、谈话），有目的、有计划地观察了解消费者的言语、行动和表情等行为，并把观察结果按时间顺序系统地记录下来分析原因，用以研究消费者心理活动的规律。例如，在研究消费者行为时，研究者可以观察每个消费者在做什么，他们是怎样互动的，注意购买者与营销人员怎样相互注视和接触，是否有笑容，注意消费者是怎样了解商品的，眼部表情如何，记录购买时的身体姿态，以及使用哪些言辞等。观察法的具体形式有以下几种。

1. 直接观察法

直接观察法是指调研人员到现场对消费者进行观察时，消费者处于无意识的状态。一般调研的内容包括对农产品市场某段时间的客流量、顾客在各柜台的停留时间、各组的消费状况、顾客的基本特征、销售员的服务态度等。特别是当消费者对调查研究难以进行配合的时候，比较适合采用这种方法。

2. 仪器观察法

在科学技术高度发达的今天，许多电子仪器和机械设备成为对消费者进行心理调研的工具。比如，美国有些超市配备了整套监视装置，分析消费者的购物习惯。

观察法的优点是比较直观，观察所得到的材料也真实，切合实际。这是因为消费者处于无意识状态，没有被施加任何影响，也没有被干扰，是一种心理的自然流露。缺点就在于具有一定的被动性、片面性和局限性。观察只能被动地等待所要观察的行为出现，而行为出现时，也只能观察到外在表现形式，并不能了解

消费者为什么要这样活动，因而观察所得到的资料往往不足以区别哪些是偶然现象，哪些是规律性的反应。

3. 实际痕迹测量法

实际痕迹测量法是指调研人员不是直接观察消费者的行为，而是通过一定的途径来了解他们的痕迹和行为。比如，某商店为了调查顾客购买电器后的反应，可到各维修点调查哪些产品维修最多、哪些部件替换最快及消费者的评价等。

（二）实验法

实验法是有目的地严格控制或创设一定条件，引发某种心理现象，从而进行研究的方法。实验法可分为实验室实验法和自然实验法两种形式。

1. 实验室实验法

实验室实验法是指在专门的实验室里借助各种仪器进行研究的方法，也可以在实验室里模拟自然环境条件或工作条件进行研究。应用这种方法研究的结果一般比较准确，但这种方法一般比较机械，只适宜研究较简单的心理现象。

2. 自然实验法

自然实验法是指在企业营销环境中，有目的地创造某些条件或变更某些条件，对消费者的心理活动进行一定的刺激或者诱导，从而了解消费者心理活动变化的方法。这种方法是在企业营销环境中进行的，不是纯自然的，是测试者根据研究目的创设或变更某些条件主动地施加一些营销，按研究目的获取准确、有效的资料，是应用范围比较广泛的方法。工商企业举办单项或综合的商品展销会、新产品展示会等，可以说是自然实验法的一种运用。

（三）访谈法

访谈是研究者通过与研究对象直接交谈，在口头信息沟通的过程中了解研究对象心理状态的一种常用方法。一般由访谈者向被访谈者当面询问问题，可以采用登门拜访、邀约面谈、开座谈会或电话访谈的形式进行。通过访谈法获得的信息最为可靠，是农产品消费者行为研究中最常见和最广泛的一种方法，其优点是通常较容易获得所预期的资料；其缺点是费用较多，对进行访谈的人员的素质要求也比较高。依据与受访者接触的方式不同，访谈法又可以分为面对面访谈法和电话访谈法。

1. 面对面访谈法

面对面访谈法包括结构式访谈和无结构式访谈两种。结构式访谈又称控制式访谈，是研究者根据预定目标，提前撰写好谈话提纲，访谈时依次向受访者提出问题，让其逐一回答。这种访谈组织比较严密，条理清楚，研究者对这个访谈过程容易掌握，所得到的资料也比较系统，但是受访者会处于被动地位，容易拘束。无结构式访谈也称自由式访谈。在这种方式下，研究者与受访者之间可以比较自然地交谈。它虽然有一定的目标，但谈话内容不固定，结构松散，所提问题涉及范围广，受访者可以自由回答。这种形式下，受访者比较主动，气氛活跃，容易沟通感情。

2. 电话访谈法

电话访谈法是借助电话与受访者进行谈话的方法。它一般是在研究者与受访者之间受空间距离限制，或者受访者难以或不便直接面对研究者时采用的访谈方法。电话访谈一般是结构式访谈，访谈内容要事先涉及和安排好，由调查员根据抽样要求，通过电话向调查对象询问意见。

电话访谈法的优点在于：经济、迅速、情报及时；渗透性强，对难以接触的被调查者和家庭可以进行调查；可以涉及一些面谈时不便谈的问题；资料的统一程度高。

电话访谈的主要缺点是：受电话设备限制较大；时间短促，仅能回答简单的问题，图表、设备等无法利用；一般限于本地区，否则费用过大。

访谈法的优点是一般较容易获得所预期的资料，准确性高。但是，该方法费用较高，对进行访谈的人员的素质要求也比较高。

（四）问卷调查法

问卷调查法是研究消费者行为最常用的一种方法，是通过研究者事先设计的调查问卷，向被调查者提出问题，并让其予以回答，从中了解被调查者心理与行为的方法。根据操作方式，问卷调查法可以分为邮寄问卷法、入户问卷法和拦截问卷法。

邮寄问卷法是指通过邮件方式进行问卷调查的方法，不受地理条件的限制，被调查者所涉及的范围非常广，被调查者填写问卷的时间也自由，回答的问题也比较真实、可靠。

入户问卷法是研究者根据抽取的样本上门调查，这种方法要求被调查者对每一个问题做出回答，访问员可以当场记录，也可以挨户发放问卷，让受访者自行填写，过后再统一回收问卷。

拦截问卷法是由访问员在适当地点（如商场入口处、农贸市场门口等）拦住受访者进行访问的方法。

问卷调查法不是口头传递信息，而是通过文字传递信息，其优点是能够同时取得很多被调查者的信息资料，可以节省大量的调查时间和费用，而且简便易行。但是问卷调查法同时也具有局限性，主要是问卷调查法以文字为媒介，研究者与被调查者没有面对面交流，无法彼此沟通感情，如果受访者没有理解问题，或者不负责任地回答问题，甚至放弃回答一部分问题，问卷结果就失去了意义。

第二章　我国农产品市场体系发展与农产品消费的变化

农产品市场体系在农产品流通中发挥着举足轻重的作用。我国农产品市场经历了三个阶段的发展，市场体系建设在市场规模、基础设施、市场主体、流通模式及交易方式等方面都取得了长足发展。随着农产品市场规模不断扩大，基础设施逐步完善，市场主体呈现多元化发展，农产品交易方式和流通模式也变得多种多样。总体来看，我国的农产品市场体系建设基本覆盖全国，但仍处于初级发展阶段，存在着许多问题。比如，市场发展未能统筹规划、市场布局不够合理，农民进入组织程度低，市场制度建设滞后，农产品流通成本高、效率低等。这些问题的存在严重阻碍了我国农产品竞争力的提高。当前要建立一个全国统一、高效、竞争有序的农产品市场体系仍面临着巨大挑战。

本章的主要内容包括：农产品市场体系发展，农产品消费的变化及促进农产品市场体系发展的建议。

第一节　农产品市场体系发展

一、农产品市场体系的发展历程

我国农产品市场兴起于 20 世纪 80 年代初期，数量上经历了由少到多，规模上经历了由小到大，产地市场与销地市场并行发展，并且经历了由民间自发形成到政府推动建设及市场力量整合的过程。根据我国流通体制改革阶段和农产品市场自身发展情况，将我国农产品市场发展分为四个阶段。

1）第一阶段：萌芽阶段（20世纪70年代末至1984年）

1978年的农业改革极大地调动了生产者的积极性，各类农产品总量大幅提高，从1979年起，国务院及有关部门对农产品统购统销的范围和品种进行了重新规定，在不从根本上触动农产品统购统销制度的前提下，逐步缩小统购范围，减少统购品种，允许部分农产品议购议销和自由购销，放开集市贸易，伴随流通政策的改变，一些具有比较优势和交通便利的农业产区的集市由定期赶集发展到天天开市，进而有了批发市场的初步形态。

2）第二阶段：高速发展阶段（1985~1995年）

1985年后，农产品流通体制发生了根本性变化，取消统派购制度，多种农产品走向宏观调控下的自由流通体制，全国各地的集贸市场纷纷恢复与发展，一些传统集市向批发市场转化，新兴的批发市场作为国合商业传统封闭式批发网络的替代物得到社会广泛认可，入市交易的农产品品种、规模迅速增加，除棉花、粮食等少数农产品，批发市场成为农产品批发流通的主渠道。在产地批发市场蓬勃发展的同时，销地批发市场也日渐兴起，农产品批发市场体系大体形成。

20世纪80年代末，中国出现了严重的通货膨胀，流通不畅导致的农产品供应不足是通货膨胀的重要原因，为此，国家提出"菜篮子"工程，力保大中城市蔬菜供应，要求各地加强农产品批发市场建设，由于批发市场能够直接、快速提高地方税收，在"谁投资，谁受益"的政策指引下，全国形成批发市场建设热潮，1991~1995年，全国批发市场数量从1991年的1509个上升到1999年的4249个，连续5年递增率达两位数，其中1995年甚至高达42.3%[①]，尤其是大中城市销地批发市场发展更快。

3）第三阶段：规范发展和质量提升阶段（1996~2004年）

批发市场发展热潮中，由于缺乏合理定位和科学论证，部分市场成为有场无市的"空壳市场"，也有些市场管理不善，基础设施欠缺，配套服务不够，批发市场陷入盲目发展和竞争状态。同时，1996年前后，我国农产品市场供求状态出现转变，从早期的供不应求逐渐演变成品种和数量的全面供过于求，为保护当地农业，区域流通受到各种限制，地方保护主义泛滥，给农产品批发市场的发展带来很多不利影响。针对区域流通中种种不健康现象，国家采取"市场办、管分离""市场登记与年检制度"等一系列措施对批发市场进行规范，批发市场在竞争中出现合并、转移、倒闭、关停的情况，批发市场总量也在2000年达到高峰，达4532个，之后逐渐下降并稳定在4150个左右，随着市场的规范，国家又陆续推出加强农产品批发市场升级和改造的方针，开展"万村千乡市场工程""双百市场工程""新农村现代流通网络""农村商务信息服务"等重点工程建设项目，农产

---

① 来源于《中国工商行政管理年鉴》。

品流通逐渐向规范化、组织化、标准化、大型化、规模化方向发展。亿元以上商品交易市场成交额从2000年的1.6万亿元增长到2007年的9.4万亿元，其中，批发业务成交额从2000年的1.1万亿元增长到2007年的3.5万亿元[①]。据统计，2014年，鲜活农产品总产量达到12.4亿吨，同比增长3%，全国农产品批发市场成交额为39 785.3亿元，同比增长6%。

4）第四阶段：集团化发展阶段（2005年至今）

随着中国工业化和城镇化进程的不断加快，生产和消费区域进一步集中，农产品大规模、跨区域流通逐步成为常态，带动行业内出现了一批具备较强集散功能的大型农产品批发市场。据全国城市农贸中心联合会调查，2012年百强市场总交易额为8490.7亿元，占行业整体交易额的27%；2013年百强市场总交易额为11 207.1亿元，同比上涨32%，占行业整体交易额的30.1%，较2012年上升3.1个百分点。全国4400多家农产品批发市场，仅百强市场的交易额就占到30%，并在逐年增加，农产品批发市场的行业集中度进一步提高，再加上农产品批发市场行业集团化发展迅速，多家大型农产品批发市场归于同一集团旗下，未来将促使行业集中度更高，也会带动农产品生产加工进一步集中，促进大规模、跨区域、长距离的农产品流通与物流快速发展。同时，行业集中度的提升，也将进一步完善农产品批发市场的商品集散、价格形成、信息发布和食品安全把关等功能，促进农产品大流通格局的形成和农业生产的规模化、标准化、集约化，保障城市农产品供应稳定、品种丰富。

二、农产品市场体系的现状

（一）市场规模不断扩大

随着农业技术的进步和现代化发展，农产品在产量方面实现了大幅的增长，促使农产品市场的交易规模不断地扩大。据统计，2014年，鲜活农产品总产量达到12.4亿吨，同比增长3%，全国农产品批发市场成交额为39 785.3亿元，同比增长6%。

（二）市场基础设施已逐步完善

市场基础设施建设的投资模式不单单依赖政府的投入，在政府的鼓励和引导

---

① 来源于《中国统计年鉴2008》。

下，企业、社会纷纷投资于农产品市场基础设施的建设中，并且参与市场的管理，极大地推动了农产品市场的发展。2014年，全国冷库实现3320万吨的总容纳量，公路冷藏车7.5万辆，同比增长39%，我国的农产品批发市场建有检验检测中心的市场占到2/3，拥有信息中心的市场达53%，拥有废弃物处理中心的市场占42%，拥有电子结算中心的市场占29.8%。

（三）农产品市场主体呈现多元化

我国农产品市场主体已经形成了多元化的经营组织，农民经纪人、运销户这类主体在农民出售农产品的过程中发挥着中介作用，为了促进农产品的规模销售，出现了农产品批发市场、集贸市场及龙头企业等集体组织，还有代表农民利益的农民专业合作社，农民个体之间成立的各种股份制、合作制等组织形式。各类主体的出现极大地促进了农产品的流通，解决了农民生产及销售"散、弱、小"的弊端。

（四）市场流通模式呈现多样化

农产品市场的流通模式在不断发生着变化，在计划经济时代，农产品的流通模式主要是统购统销，以农贸市场、批发市场为主。后来出现了农超对接、电子商务等新型的流通模式。

（五）市场交易方式逐步多样化

我国农产品市场的交易方式逐步多样化，已经不单单是简单的集贸市场的交易，专业批发及跨地区之间的交易成为农产品交易常态，期货交易、拍卖交易等一些新型的交易方式不断涌现。随着互联网的迅速发展，农产品实现了网上交易及电子商务等经营方式，极大地促进了农产品的流通。

三、农产品市场体系建设面临的问题

（一）农产品市场发展未能统筹规划、布局不合理

农产品市场是方便城乡居民生活的农产品交易场所，是农产品供应的重要保障。统筹规划布局关系到农贸市场、农产品批发市场的便利性和功能性。农产品市场体系的建设仍存在着多头管理、管而不严和职能交叉等问题。农产品市场缺

乏全国统一的规划，市场布局也不太合理，有些地区农产品市场集中，容易出现重复建设、恶劣竞争的现象；有些地区农产品市场分散，产品流通效率低下，严重影响了城市的正常秩序。农产品市场的发展受到经济水平的制约，主要向经济发展水平较高的地区集中。东部沿海地区经济比较发达，农产品市场比较集中，而西部地区经济发展程度较低，农产品市场发展比较滞后。

（二）组织化程度低

农民进入市场组织化程度比较低，中国人多地少，大部分地区的农村采用的都是精耕细作的小农生产经营模式，农民主要以眼前的利益为主，根据市场行情，需要什么就生产什么，产品单一，且生产结构不合理，这也从根本上制约了农产品市场体系的发展与农产品竞争力的提高。同时，缺乏专业的经济合作组织帮助农民了解市场行情，进行统一规划、组织。日本、欧洲等发达国家和地区基本都有各自的农业协会，将农民组织起来进行统一生产，然后收购、销售农产品，而我国农民只能将农产品交给经纪人，农民只能得到田头的价格。农民组织化程度低还导致农民销售农产品难的问题。

（三）市场制度建设滞后

农产品市场准入制度并不完善，市场管理制度建设还比较滞后，无公害农产品认证工作刚刚起步，经认证的农产品数量比较少。与认证工作相适应的法律法规不健全，未经检验合格的农产品该如何处理、执法主体是谁等问题突出。农产品安全认证的层次尚不全面，还达不到国外已经完备的认证标准和程序的要求。另外，由于产品的复杂性和地域的广阔性特点，农产品的追溯制度也存在一定难度，存在市场的管理制度不完善，收费项目不统一，收费标准不规范、不透明，收费凭证不齐全，收费具有盲从性等问题。

（四）农产品流通中成本高、效率低

中国农产品物流比重小，物流成本高，农产品物流起步较晚，发展缓慢，不能满足现阶段农产品供需。加上我国农产品生产、流通和消费具有小生产、大市场的特点，比较小的生产规模与比较大的市场消费需求并不匹配，且我国农产品物流技术水平相对落后，很多企业并没有完整、成熟的冷链物流体系。同时，服务网络和信息系统的不完善，也导致了精准度低、及时性差及市场信息不对称等问题。

（五）市场基础设施尚不完善

农产品市场基础设施建设是农产品市场体系发展的重要内容。中国农产品市场的一些基础设施仍然存在短板，主要是基础设施中的一些设备，如专用仓库、冷藏车、冷藏库等数量不足，批发市场和大型农产品物流与配送中心缺乏基础设施。自 2012 年以来，政府和企业都对农产品市场基础设施建设积极投入，农产品市场基础设施建设取得了一定进展，但农产品基础设施建设仍然存在不足，还不能很好地适应社会经济、农业发展和人们生活的新需求，影响了市场功能的充分发挥。我国仅有 10%左右的农产品被纳入冷链系统，与发达国家 80%~90%的农产品被纳入冷链系统存在巨大差距。农产品市场基础设施的不完善严重阻碍了我国农产品市场体系的发展。

（六）农产品市场服务业仍存在不足

市场信息服务虽然发展迅速，但农产品市场信息基础设施缺乏、资金及人员投入少、农产品信息服务系统不够专业、信息发布不及时和资源利用率低都是农产品市场服务业中存在的不足。随着市场金融服务的不断创新，农产品交易中的支付手段也在不断创新，电子结算的交易方式逐渐普及，但部分地区仍采用传统的对手交易方式。

第二节　农产品消费的变化

一、农产品消费的现状

进入 21 世纪以来，我国的农产品市场价格不断攀升，最主要的原因是农产品的供求缺口不断扩大，而供应是由我国农产品生产的自然资源禀赋决定的。我国居民的消费结构正在发生变化，对口粮的消费需求逐渐下降，对其他农产品的消费需求逐渐增加，农产品供应处于趋紧的态势。

综合来看，我国居民的膳食结构发生了变化，随着人们生活水平的不断提高，居民对饲料粮的需求明显大于对口粮的需求，对饲料粮需求的增加进一步推动了我国粮食总体需求的增长。

另外，无论是在长期内还是短期内，农产品供不应求的问题都将成为一种基本态势，很难快速改变。虽然我国强调农产品供求的平衡，但事实是农产品无论是在总量上还是在结构上都存在着不同程度的不平衡，这也是导致农产品价格持续上涨的主要原因。

造成农产品供不应求的另一个重要原因是人口结构的变化。从城乡人口数量来看，我国农村人口在1995年达到顶点，然后开始持续下降，而城市人口和总人口都在增加。1995年，我国农村人口达85 947万人，城镇人口数量达35 174万人，分别占总人口的70.96%和29.04%；而到了2012年年底，我国农村人口数量为64 222万人，城镇人口数量为71 182万人，分别占人口总数的47.43%和52.57%。可以看出，在这期间农村人口减少了21 725万人，城镇人口却增加了36 008万人，农村人口的减少及城镇人口的增加，一方面增加了农村人口对城镇人口的供养比例，另一方面，由于城镇人口人均食品消费水平是农村人口的2~3倍，城镇人口较高的食品消费水平导致了城乡食品消费比加速上升[1]。截至2019年年底，内地总人口140 005万人，其中城镇常住人口84 843万人，农村人口55 162万人，农村人口占比39.4%[2]。所以，在我国城乡人口比和城乡人均食品消费比的共同作用下，我国城乡居民的食品消费比加速上升，这也是我国农产品供不应求的另一个重要原因。

引起我国农产品市场消费结构变化的主要原因是居民膳食结构的改变，居民膳食结构的改善会导致人们对农产品需求的增加，随着人们生活水平的提高，尤其是农民收入的增加，农民对蛋白质等营养物质的摄入量会增加，我国居民的饮食消费结构还将继续发生改变。以前人们对口粮的需求比较多，而现在居民对猪、牛、羊等动物饲料粮的消费逐步增加，间接引起了居民消费结构的转变。肉蛋禽是蛋白质的主要来源，人们对蛋白质需求的增加也引起了人们对饲料粮需求的增加，进而拉动了粮食价格的上升。2001~2011年，我国居民的人均口粮消费量基本稳定，而猪肉消费量增加20%，禽蛋消费量增加21%，禽肉消费量增加37%，牛奶消费量增加223%，由此可见，居民消费结构的变化直接导致了粮食生产结构的变化。2011年，我国三大谷物小麦、玉米和稻谷的产量用于饲料生产的数量占总产量的30%，比2001年提高了4个百分点。

二、农产品消费的趋势

随着居民食品消费结构的不断升级，未来我国主要农产品的消费和农业生产

---

[1] 来源于《2014—2019年中国特色农产品市场前景研究与投资战略分析报告》。
[2] 来源于《中华人民共和国2019年国民经济和社会发展统计公报》。

仍将处于增长态势。2012年以前我国农产品的供求平衡关系为"基本平衡，丰年有余"，而2012年以后我国农产品消费的供求平衡关系已经转变为"基本平衡，结构短缺"。总的来看，我国农产品的消费处于增长阶段，不同的农产品消费需求增长不同，有些农产品的消费需求达到了峰值，有些农产品的消费需求增长还将进一步加快。

我国农产品整体发展态势良好。粮食、水产品和畜产品的消费量呈现出快速增长的趋势。

（1）粮食消费量快速增长。预计到2022年，全国粮食总消费量达到69 708万吨，其中，用于榨油的大豆消费量约为10 066万吨，谷物及其他粮食消费量约为59 642万吨。从食品分类来看，口粮消费量约为24 945万吨，饲料粮消费量约为25 457万吨，加工粮食消费量约为18 055万吨，种子消费量约为1251万吨。

（2）水产品和畜产品的消费量持续增长。预计到2022年，全国肉类总消费量将达到10 770万吨。其中，猪肉消费量约6208万吨，牛羊肉消费量约1457万吨，家禽消费量约2745万吨，在2011年的基础上将分别增长16%、12%和45%。其他肉类360万吨。另外，全国禽蛋消费量将达到3286万吨，奶类消费预计达到6232万吨，水产品消费预计达到8124万吨，与2011年相比，分别增长25%、39%和36%。

总体来说，我国农产品的消费和生产都将处于不断增长的阶段，相对来说，农产品消费增长更快，农产品的供应趋紧，部分农产品的消费将出现较大缺口。随着工业化、城镇化进程的不断加快及农业生产成本和费用的不断增加，农业增效形势不容乐观，这将影响农业的稳定发展，为了应对农产品消费的不断增加，确保农产品市场供应充足，今后我国将继续加大在农业发展上的投入，完善强农、惠农、富农政策，积极推进我国农业稳定发展；在农产品贸易方面，实行逢低进口战略，适时进口，并严格控制国内农产品的价格，另外在农产品储备方面，要适当增加农产品储备以调控农产品供求状况，拓展国际储备的空间。

第三节 促进农产品市场体系发展的建议

我国已初步建立起多网络的农产品流通体系，将农产品生产地的集贸市场、城镇农产品批发市场、区域经济中心城市大型农产品骨干批发市场与城市居民区农贸市场及超级市场、连锁超市、农校对接、农超对接，电子商务及社区服务便利店等建立流通体系，虽然农产品流通产业实现了较大发展，但在流通过程中仍然存在着基础设施不完善、流通效率低、流通成本高、市场分布不平衡等问题。因此，为促进农产品市场体系的发展，提出以下建议。

（一）整合市场流通主体，提高农民的组织化程度

首先，积极发展和培育农民专业合作组织。农民专业合作组织在农产品流通中发挥着关键作用，它是将农户与企业、农户与市场连接起来的中介，我国农民的组织化程度比较低，严重制约了农产品流通产业的发展，因此，我们要大力培育农民专业组织，为农民提供最直接、最具体的服务，根据国家产业规划和市场需求组织成员进行专业生产和销售，消除农民小生产与大市场之间的矛盾，实现农产品的批量销售，从而获得规模效益。

其次，加大对经纪人的扶持。经纪人在农产品的流通过程中扮演着重要角色，它是将农民与市场连接起来的桥梁，加大对农民经纪人的扶持对农产品流通十分重要。一方面，要加强对经纪人的专业培训，提高其在组织、运营、管理等方面的能力，培育一批高素质的经纪人，带动农民的观念创新，将好的观念带给农民，增强农民的市场经济意识，从而提高农产品进入市场的效率。另一方面，要培育农业产业化经营农产品经纪人，经纪人的产业化活动可以促进农业结构的合理化，经纪人根据市场的供求状况，及时了解市场信息，组织农民进行产业化生产，将零散的农产品进行集中销售，缓解农民生产中由"小、弱、散"的特点带来的农产品流通困难的状况。

最后，加快培育农业产业化经营的新形态。目前，我国农业产业化的形式以加工企业与农户的契约生产整合形态为主，这种形态存在一定的弊端，所以整合农民组织、加工企业、商业企业和农业协会等各流通主体的形态显得尤为必要。增加各流通主体的综合职能，鼓励农民组织与商业企业的联合经营，发挥好加工企业连接农户与商业企业的中间作用，农业协会组织自上而下形成联通的网络体系，从生产到流通，利用各种资源、设施，搜集市场信息，实现农产品收购、加工、包装和销售一体化，实现农产品更好的流通。

（二）统筹规划，合理布局农产品市场

各级政府要把农产品市场体系纳入当地社会经济和现代服务业中长期发展规划并组织实施，坚持从实际出发，做到科学规划、合理布局、防止有场无市和重复建设。在科学发展观的指导下，以农业结构调整和农民增收为依据，根据人口、交通及经济发展水平统筹规划，合理布局农产品市场，使得农产品资源得到合理的配置，形成农产品产供销体系。充分考虑生产者和消费者的需求，打破农产品

"卖难，买贵"的局面，解决"最初一公里"的难题。今后农产品市场体系建设的重点是发挥龙头企业和骨干市场的作用，对现有的市场资源和资产进行整合重组，与现代物流业相结合，壮大规模，完善交易与管理设施，强化服务功能，逐步形成融产业化、信息化、规范化、安全性于一体的大型农产品批发市场。

（三）规范农产品市场制度，保障各主体的权益

保证农产品质量和食品安全，保护农产品经营者及广大消费者的合法权益是农产品流通过程中的重要环节，规范农产品市场管理制度、农产品市场准入制度是保障各主体权益的重要举措。市场管理制度的规范要从开办单位管理、场内经营者管理及市场巡查管理三个方面进行：①开办单位管理规范。开办单位要根据国家规定，注册登记，设立与市场规模相适应的机构，包括质量管理机构、经营管理机构、客户服务中心等，保障市场的设施齐全，环境整洁，市场整个面貌整齐划一。②场内经营者管理规范。农产品经营者要诚信经营，证照齐全，明码标价，索证索票等。③市场巡查管理规范。设立市场巡查指挥中心，对巡查组的工作进行指挥、组织、协调及督查，组织巡查人员实行定期巡查、专项巡查，推动农产品市场的有序发展。针对"无公害农产品计划"的要求，市场要规范市场准入制度，通过有资质的认证和检测机构对要进入市场的农产品进行质量安全和标准的测量，严格准入。另外，制定农产品追溯制度，从源头上保证农产品的质量安全。

（四）创新流通渠道模式，提高流通效率

一方面，大力发展"农户+农民专业合作社"的流通模式。农民专业合作社代表着农民的利益，作为农产品流通的上游，农民专业合作社组织农民根据市场需求进行统一生产、收购、批量销售，降低农产品流通的成本。但是我国农民专业合作社还处于发展的初级阶段，治理结构还不完善，应该按照《中华人民共和国农民专业合作社法》发展壮大合作社，进一步规范合作社的经营管理机制。另一方面，"农超对接"是农产品流通模式的发展方向。"农超对接"不仅可以保障农产品的新鲜度、高质量，还可以减少流通环节，降低流通成本，优质的农产品通过各大超市的经营网点快速地运送到消费者手中，实现农产品的产销一体化。最后，大力发展农产品期货市场、农产品电子商务、网上交易等流通模式。

（五）完善农产品物流基础设施建设

农产品流通的顺畅与否与物流基础设施的完善与否关系很大，加强农产品基础设施的建设是农产品流通中的重要环节。完善农产品基础设施可从以下三方面着手：①增加现代化的装卸搬运设备和仓储设备，保障农产品的高效流通；②完善冷链系统，尤其是农产品具有易腐烂、不易储存等特点，增加冷藏车、保温车等，形成冷链体系与产、贮、运、销配套的服务体系可以推动农产品的高质量流通；③政府要加大资金的投入，农产品市场基础设施是促进农业现代化发展的重要环节，政府要加强对基础设施建设的扶持，提高农产品市场的储藏能力，解决农产品生产的季节性矛盾。

（六）加强农产品市场体系信息化服务

要实现农产品的高效流通，加强农产品信息化平台建设非常重要，通过现代信息与物流科学技术的结合，进一步优化农产品供应链，避免因为市场信息的不对称不能及时了解全国的农产品产销情况。通过现代化的信息服务平台，如互联网、物联网等可以提高农产品物流的管理水平，降低物流成本，使得农产品高效、高质量流通，保障各流通主体的利益。另外，要加强农村的市场信息化建设，加大资金和人员投入，建立起农村专业的农产品信息系统，提高农村网络的利用率，及时了解全国的农产品市场产销情况。

第三章　江苏省蔬菜的消费者行为研究

长期以来，蔬菜一直是我国"菜篮子"工程中一项必不可少的农产品，也是我国城乡居民日常生活的主要来源之一。自我国进入小康社会以来，人们对蔬菜的消费已逐步由数量型向质量型转变，且更关心蔬菜的品种、内在质量及是否安全，包括营养成分、有害有毒物质的含量等。但由于我国在过去相当长时间内只注重蔬菜的产量，对蔬菜安全问题不够重视，我国蔬菜卫生状况较差。蔬菜总体质量不高、农药残留量严重超标等问题，使得我国蔬菜出口受到了很大影响，价格也失去了竞争力，甚至在国际市场的消费信誉也不高等。社会各界对农产品质量安全问题的关注日益加强。但蔬菜安全管理绝不仅是蔬菜供应者或政府相关机构的职责，消费者同样也发挥着至关重要的作用，消费者在蔬菜安全问题上所体现出的态度和消费倾向会对政府和蔬菜生产企业的行为产生影响。因此，消费者对蔬菜安全问题的态度和购买行为将极大地影响安全蔬菜市场的供给。

本章基于对江苏省650位消费者的调查研究，阐述了江苏省蔬菜产业的发展概况，通过对江苏省蔬菜消费者行为研究结果的分析，提出促进江苏省蔬菜产业发展的对策。

第一节　江苏省蔬菜产业发展概况

一、江苏省蔬菜产业发展历程

中华人民共和国成立以来，江苏省蔬菜产业的发展从局限于蔬菜生产用于保障城市供给的家庭副业，拓展成为农业增效、农民增收的一大支柱产业，其发展大体分为四个阶段。

1）第一阶段：恢复发展阶段（1949~1958年）

中华人民共和国成立初期，蔬菜生产得到了迅速恢复和发展。江苏省蔬菜种植面积由1949年的10万亩（1亩≈666.7平方米）扩大到1958年的50万亩。这个阶段发展较快的主要原因是，党和政府高度重视农业，采取了增加农业投入、提高农产品价格、稳定农业税等系列刺激农业发展的政策措施，尤其是1953年中央提出"大城市郊区的农业生产应以蔬菜为中心"的方针，为蔬菜发展提供了政策保障。

2）第二阶段：徘徊发展阶段（1959~1981年）

由于受"左"的思想影响，片面强调纯而又纯的所有制关系，脱离了农村实际，农业生产力发展受挫。蔬菜生产长期徘徊，市场供应奇缺。1981年江苏省蔬菜面积157.6万亩，仅比1958年增加约100万亩，年递增不足5万亩，总量不足，品种单一，供需矛盾十分突出。

3）第三阶段：快速发展阶段（1982~1997年）

十四年间，江苏省蔬菜种植面积连续跃过500万、600万、700万、800万、900万亩五个台阶，年均增加50万亩。蔬菜生产逐步向产前、产后延伸，产业体系雏形逐步显现，尤其是1985~1992年的全面放开时期。随着蔬菜产销体制进一步放活及"菜篮子"工程的实施，蔬菜生产进入持续、稳定发展阶段。市场供应数量充足、品种丰富；贮运、加工、流通业得到相应的发展。

4）第四阶段：优化升级阶段（1998~2010年）

1998年以来，面对粮棉等主要农产品告别短缺及农民收入增幅趋缓的新形势，各地开始实施新一轮农业结构调整，普遍把扩种蔬菜作为农业增效、农民增收的重要途径，蔬菜种植面积得到了进一步扩大，区域化布局、专业化生产趋势明显，蔬菜贮藏、加工、流通等发展加快。与此同时，蔬菜市场格局发生变化，买方市场初步形成，全国性、区域性市场竞争日趋激烈，蔬菜产业发展进入了新的历史阶段。

二、2006~2010年江苏省蔬菜产业概况及特点

由表3-1可知，2006~2010年，江苏省蔬菜生产发展较快，生产经营面积逐步扩大。相比2006年，2010年江苏省蔬菜生产经营面积增长了24%，高达122.977万公顷，生产规模居全国前列。2010年蔬菜单产34 429千克、总产4234.0003万吨，总产值高达796亿元。随着优化种植结构步伐的加快，

加上市场经济的冲击，蔬菜产业已成为种植业的主要产业之一，蔬菜生产成为当前农民增收的重要途径，成为江苏省农业农村经济的重要支柱产业之一。蔬菜已成为江苏省第一大经济作物，并向区域化、基地化、商品化、产业化的方向发展。

表3-1 江苏省2006~2010年蔬菜产业情况统计

年份	生产经营面积/万公顷	总产量/万吨
2006	99.181	3124.1700
2007	104.239	3317.9997
2008	109.337	3544.6642
2009	114.761	3837.7641
2010	122.977	4234.0003

数据来源：根据江苏省蔬菜协会相关数据整理

（一）基本建设日趋完善

据统计，江苏省已在2007~2010年，重点创建了17个蔬菜标准园，包括10个设施蔬菜标准园和7个露地蔬菜标准园。蔬菜产业已基本形成了淮北、沿海、环湖、城郊、丘陵五大菜区，并在五大菜区内建设了一批蔬菜生产重点县和重点生产基地。在创建蔬菜标准园的过程中，江苏着力推广蔬菜标准化生产技术和产品质量全程控制技术，形成标准化生产和产品质量管理长效机制，蔬菜标准园的农产品实行100%商品化处理，苏南等地方力争做到加工、运输、销售全程冷藏保鲜，并通过产品品牌建设开拓市场，实现100%品牌销售，标准园以农民专业合作组织和龙头企业为载体，把一家一户农民组织起来，实行100%产品订单生产。

（二）设施栽培迅速发展

江苏省各地充分利用地区优势，适应市场需求，不断加大蔬菜种植结构调整力度，在种植面积迅速扩大的同时，加快了高产、高效的设施蔬菜的发展。以遮阳网遮光、降温、防暴雨的夏秋抗灾设施和日光温室、塑料棚、地膜等抗低温冷害为主的保温设施大面积推广应用，初步形成了具有地方特色的蔬菜设施栽培模式。截至2010年，江苏省已建成钢架大棚面积98.38万亩，日光温室28万亩，大大提高了蔬菜常年供应能力。例如，太仓市2010年利用1000亩钢架大棚开展叶菜避雨栽培，仅7~8月生产小青菜3茬，总产量超过300万千克。张家港市在现代农业示范园区共规划了3000亩设施蔬菜园，2011年开始筹建[①]。

---

① 江苏省张家港市蔬菜办公室相关数据。

(三) 结构调整力度加大

江苏省以优质、高产和均衡供应为重点,大力引进、推广蔬菜优质品种。截至2010年,江苏省生产和销售的蔬菜种类达到100多种,常年均衡供应能力增强,基本上做到了"淡季不淡,旺季不烂"。蔬菜品种日益丰富,种植结构更加合理,叶菜、瓜菜、块茎、茄果类蔬菜占蔬菜播种面积的分布较为均匀,比重分别为29.4%、14.4%、16.7%、18.8%。不同种类的总产量由高到低排序,依次是白菜类、叶菜类、茄果菜类、葱蒜类、块根、瓜菜类、豆类、水生菜类和其他蔬菜。见表3-2。

表3-2 江苏省2010年各类蔬菜情况统计

名称	播种面积/亩	总产量/万千克
白菜类	189.72	833.33
叶菜类	252.97	773.57
茄果菜类	155.84	557.59
葱蒜类	191.56	505.31
块根	129.72	495.26
瓜菜类	126.75	493.80
豆类	85.05	199.56
水生菜类	50.35	149.43
其他蔬菜	47.81	145.23

资料来源:根据江苏省蔬菜协会相关数据整理

芦蒿、马兰头、荠菜、枸杞等保健、益智、延寿的野生蔬菜也得到了大面积的开发,荷兰豆、生菜、紫甘蓝、樱桃西红柿等几十种蔬菜面市,芦笋、茭白、莲藕等名特菜得到了进一步开发。优特菜、精细菜、时差菜、反季节菜的面积和产量增长较快,而露地菜、大宗应急菜减少。均衡供应上市品种的数量和质量都得到了很大提高,居民菜篮子日益丰实。

(四) 市场体系初步建立

江苏省各市基本建立了成交量在10万吨以上的大中型批发市场,县(市)级及重点产区建设了不同层次的专业批发市场,培育龙头市场。农贸市场已成为城市蔬菜供应的重要载体,直销、直供、配送、连销经营方式迅速发展。2010年,江苏省蔬菜市场贸易成交额达187亿元。蔬菜协会逐步发展壮大,蔬菜运销户和经纪人成为蔬菜流通的主力军,为蔬菜产业化的发展提供了组织保障,对推动江苏省蔬菜产销发展起到了积极作用。苏州市在扩大蔬菜种植面积的同时,大力培养经纪人,拓宽蔬菜流通渠道,使全市蔬菜常年出现产销两旺的好势头。该市的张家港青草巷农副产品批发市场，2010年销售蔬菜9000多万千克，年产值8000多万元。该市的69个农贸市场，蔬菜全部由张家港青草巷农副产品批发市场批发。

（五）新技术应用和推广力度加大

依靠科学技术，增加蔬菜生产的科技含量是提高蔬菜产量、改善品种质量和增强市场竞争力的关键。长期以来，江苏省充分发挥蔬菜科研、教学和生产技术推广力量较强的优势，不断引进、推广蔬菜新品种、新技术、新设备，提升蔬菜生产科技含量。2009年，江苏省启动了挂县强农富民工程，全省34个省级涉农高等院校、科研院所与38个县（市）挂钩对接，委派专家驻村入户，加快促进现代农业高效发展。

（六）产业化经营粗具规模

江苏省蔬菜产加销、贸工农一体化的产业化经营体系已初步形成。一是蔬菜运输、销售服务、产后加工业有了较快发展，加工产品的档次不断提高。蔬菜批发市场建设进展较快，提高了蔬菜的商品率，丰富了市场的蔬菜品种。二是拉长了产业链，开拓了市场，使基地生产的蔬菜货畅其流。三是壮大了龙头企业，带动了蔬菜产业的发展。

三、蔬菜产业存在的问题与不足

（一）生产经营主体多而分散，产业化程度不高

2010年江苏省蔬菜生产仍以单家独户生产经营为主，缺乏必要的技术标准和产品质量检验，各家各户的蔬菜产品直接进入市场，难以保证市场上蔬菜商品的一致性，也难以创立品牌产品；而且，菜农卖菜花费很多的时间与精力，使得小生产与大市场之间的矛盾难以解决，并在一定程度上限制了蔬菜产业的升级。同时，产业化经营处于一般阶段，龙头企业规模偏小，数量偏少，带动能力弱，大部分仍停留在一般购销关系或松散的联合层面，尚未形成风险共担、利益共享的紧密经济共同体。

（二）基本建设规模小，集约化生产水平低，加工发展滞后

"十一五"期间虽然建设了一批蔬菜生产基地，且粗具规模，但基地较分散，生产设施差，抵御自然灾害能力弱，始终未能形成拳头产品和集约化生产，直接

影响了蔬菜产业的持续、稳定发展。加工产品单一，加工技术和产品质量没有突破，这主要有三点原因：一是加工率低，江苏省实际加工蔬菜所消耗原料占蔬菜总产量的比例较低；二是加工档次低，产品大多是粗加工品，精、深加工比例偏低；三是龙头加工企业少，且规模小，生产、加工、销售一体化水平低，苏北等多数地方仍以自产自销为主，加工设备陈旧，加工技术落后。目前江苏省蔬菜加工水平比发达国家的蔬菜加工水平要落后很多年。

（三）安全生产意识不强，蔬菜产品仍有污染

在蔬菜生产上滥用农药，过量施用化学肥料及工业"三废"污染导致蔬菜中农药、重金属等有害物质残留超标的现象仍然存在。栽培技术不当，农业生态环境恶化，工业"三废"向农村转移，特别是伏缺期叶菜生产过程中大量使用农药，导致中毒事故发生。

（四）扶持力度不够，资金投入不足

蔬菜生产主要靠农户自身投入，多数蔬菜地基础设施不配套，蔬菜生产基本处于粗放经营状态。与此同时，蔬菜的科研推广、加工流通、农用工业等发展缺乏物质支撑，优惠政策、资金扶持不到位，直接影响了蔬菜产业发展后劲。

（五）管理体制不完善

长期以来，蔬菜产业一直没有被摆上应有的位置，没有被纳入国民经济计划，产业发展政策不配套，蔬菜规划布局、产业指导、市场调控等方面缺乏有效措施，生产、加工、流通等被分割，省、市、县机构设置不一，部分县尚无蔬菜行政管理或推广部门。这种条块分割、上下脱节的管理体制，不利于蔬菜产业市场经济的综合调控，影响了管理效率和政策效率，严重阻碍了蔬菜产业的协调发展。

第二节　江苏省蔬菜消费者行为调研

随着国内外食品安全事件的频繁发生，消费者越来越关心蔬菜等日常食用产品的安全问题。一般来说，消费者对蔬菜安全越关注，就越可能购买他们认为足够安全的蔬菜或选择他们认为足够安全的地方购买蔬菜，对安全蔬菜或是安全蔬

菜专卖店的市场需求就越可能扩大。因此，在研究安全蔬菜的市场前景时就需要测定消费者对蔬菜安全的认知及推测消费者可能的购买行为，政府也有必要根据消费者意愿制定有效的蔬菜安全管理政策以改善安全蔬菜的供给。基于以上思路，本节就消费者对蔬菜安全认知和消费者行为进行调研。

一、调查设计

本节所用实证数据及信息均来源于2010年12月笔者对江苏省蔬菜协会、部分农业方面的专家、部分大型农贸市场随机访问及对江苏省各个地级市进行的实证调查。此次调研的分析方法主要为问卷调查法，后期使用SPSS 16.0对数据进行分析处理。

（一）问卷设计

调查问卷共分为三个部分，题项设置为单选和多选的形式，共35题，对江苏省蔬菜安全及其市场情况进行了一系列调查。第一部分是消费者对蔬菜的基本消费情况，涉及购买地点、购买数量、购买消费金额、消费时间、购买蔬菜品种和购买蔬菜决策等；第二部分是消费者对蔬菜安全的认知情况，共18个大类；第三部分是被调查者的基本信息，包括被调查者的性别、年龄、家庭人数、家庭年收入、受教育程度、职业、出生地等，这些因素都可能影响其消费者行为。

（二）调查实施

本章实施的调查采取随机抽样的方法。在江苏省的苏州市、泰州市、南通市和无锡市等13个地级市及其下属县市区的大中农贸市场，以及大润发超市与路边摊点等人流密集的地方，针对蔬菜消费群体，展开问卷调查。实地调查过程中共发放调查问卷650份，每个地级市50份，最后回收有效问卷500份，有效问卷回收率为76.9%。经过数据整理，并用SPSS 16.0软件和EXCEL软件进行计量经济学分析，得出结论。

（三）样本的基本情况

调查结果（表3-3）显示，被调查者在性别、年龄、受教育程度、家庭年收入、家庭人数、是否有退休老人和20岁以内还在上学的小孩及地区分布方面存在显著差异。女性比例高于男性，占52.6%，这主要是因为购买蔬菜且偏好议论蔬菜的大部分是女性。从调查对象的年龄组成来看，相对平均，其中，40~44岁的人数占被调查总人数的13.0%，相对较多，从家庭年收入来看，家庭年收入在3万~5万元的人数占被调查总人数的25.2%，家庭年收入在5万~10万元的人数接近被调查总人数的一半。从受教育程度来看，学历在本科的人群较多，占被调查总人数的32.6%，其余学历的人数比较少。样本中，被调查者的家庭中一般没有退休老人，但有20岁以内的正在上学的孩子。地区分布相对均匀。

表3-3 被调查对象的基本特征

名称	分类	人数/人	有效百分比/%
性别[①]	男	233	47.4
	女	259	52.6
年龄/岁	20~24	49	9.8
	25~29	41	8.2
	30~34	40	8.0
	35~39	55	11.0
	40~44	65	13.0
	45~49	41	8.2
	50~54	50	10.0
	55~59	49	9.8
	60~64	35	7.0
	65及以上	75	15.0
受教育程度	小学	40	8.0
	初中	85	17.0
	高中	66	13.2
	中专	60	12.0
	大专	57	11.4
	本科	163	32.6
	研究生	29	5.8
家庭年收入/万元	≤3	21	4.2
	(3, 5]	126	25.2
	(5, 10]	211	42.2
	(10, 13]	65	13.0
	(13, 15]	51	10.2
	>15	26	5.2
家庭人数/人	2	54	10.8
	3	240	48.0
	4	79	15.8
	5	99	19.8
	6	25	5.0
	7	3	0.6

---

① 此处由于个人等原因男女人数相加不等于有效调查问卷总数，此类情况余同。

续表

名称	分类	人数/人	有效百分比/%
是否有退休老人	是	225	45.0
	否	275	55.0
有无20岁以内还在上学的小孩	是	304	60.8
	否	196	39.2
地区分布	常州	29	5.8
	淮安	31	6.2
	连云港	29	5.8
	南京	50	10.0
	南通	46	9.2
	苏州	61	12.2
	宿迁	31	6.2
	泰州	30	6.0
	无锡	40	8.0
	徐州	56	11.2
	盐城	48	9.6
	扬州	29	5.8
	镇江	20	4.0

资料来源：根据调研结果整理所得

二、蔬菜消费者行为分析

（一）购买时间

从表3-4中可看出，对于蔬菜消费的周期，超过一周以上购买蔬菜的消费者占比最小，仅占0.8%；选择2~3天内购买蔬菜的有294人，占58.8%。其中，1天内购买蔬菜的有164人，占32.8%。由此可看出人们对于蔬菜更喜欢现买现吃，不愿存放很长时间。这一偏好除了受蔬菜特殊性的影响，也由人们的消费习惯所致。

表3-4 消费者对购买时间的偏好

时间/天	人数/人	有效百分比/%
1	164	32.8
2~3	294	58.8
4~5	32	6.4
6~7	6	1.2
一周以上	2	0.8

资料来源：根据调研结果整理所得

（二）购买地点

从表3-5中可知，在农贸市场购买蔬菜的消费者占61.6%；超市占18.2%；专卖店和流动摊贩各占7.2%；其余所占份额较少。这主要是因为农贸市场的价格优势和各式各样的产品不断吸引消费者目光，并且大多数农贸市场不受交通等条件的影响，对年龄相对大一些的中老年消费者来说比较方便。超市干净卫生，质量有所保障。蔬菜批发市场和流动摊贩受到交通、质量和覆盖面等因素的影响，消费者选择概率较低。在偏僻的农村，路边市场仍然存在，但选择购买的一般是外来人员和老弱病者。

表3-5 消费者对购买地点的偏好

购买地点	人数/人	有效百分比/%
超市	91	18.2
专卖店	36	7.2
农贸市场	308	61.6
蔬菜批发市场	20	4.0
展销会	1	0.2
路边市场	5	1.0
流动摊贩	36	7.2
其他	3	0.6

资料来源：根据调研结果整理所得

（三）消费者购买蔬菜品种情况

在购买各种蔬菜的消费人群中，购买品种有多有少，它反映出消费者对蔬菜食品的关注程度，以及蔬菜食品对身体健康的重要程度。不同层次的人购买的蔬菜品种也不尽相同。针对消费者购买蔬菜品种的偏好进行了调查，结果如表3-6所示。消费者购买黄瓜、西红柿、大白菜等日常蔬菜较多，品种比较丰富，这是人们日常生活的必需品。由此可以看出，这些蔬菜对于人们生活的重要性。

表3-6 消费者对蔬菜品种的偏好

蔬菜品种	人数/人	有效百分比/%
西红柿	362	72.4
黄瓜	378	75.6
西葫芦	190	38.0
芹菜	281	56.2

续表

蔬菜品种	人数/人	有效百分比/%
大白菜	345	69.0
甘蓝	20	4.0
大蒜	239	47.8
马铃薯	266	53.2
大葱	210	42.0
辣椒	197	39.4
茄子	282	56.4
甜瓜	42	8.4

资料来源：根据调研结果整理所得

（四）购买数量和金额

由表 3-7 可知，当消费者被问及最近一次购买蔬菜的数量及金额时，数量均值为 2.61 斤[①]，金额均值为 8.81 元。这反映了一般消费者购买蔬菜时，更喜欢新鲜且购买方便的蔬菜。因此，消费者单次购买量较少，购买金额也较少。

表3-7 消费者对购买数量和金额的偏好

名称	极小值	极大值	均值	标准差
购买数量/斤	1	14	2.61	1.764
购买金额/元	1	60	8.81	7.686

资料来源：根据调研结果整理所得

（五）消费者对蔬菜的选择标准

从表 3-8 中看出，当消费者购买蔬菜时，新鲜度是影响他们选择决策的第一要素（5.40），其次为蔬菜外形、有无破损等，其他因素对消费者选择决策的影响基本一致，而品牌的重要性相对较低（3.66），这是因为大多数人是普通消费者，其对于蔬菜品牌的消费观念尚未形成。

表3-8 购买决策的变量

变量名称	样本数/人	均值	标准差
新鲜度	500	5.40	0.755
蔬菜外形	500	5.04	1.073
有无破损	500	5.02	1.055

---

① 1 斤=500 克。

续表

变量名称	样本数/人	均值	标准差
颜色	500	4.84	1.167
当地蔬菜	500	4.80	1.170
蔬菜产地	500	4.71	1.528
有机蔬菜	500	4.11	1.317
便利包装	500	3.72	1.389
品牌	500	3.66	1.502

资料来源：根据调研结果整理所得

通过表3-9和表3-10的因子分析可以发现，消费者购买蔬菜时主要关注两个因素，具体如下。

（1）质量，主要包括颜色、有无破损、蔬菜外形、新鲜度。

（2）声誉因子，主要包括蔬菜产地、便利包装、品牌。

表3-9 解释的总方差

成分	初始特征值			提取平方和载入			旋转平方和载入		
	合计	方差的百分比	累计百分比	合计	方差的百分比	累计百分比	合计	方差的百分比	累计百分比
1	3.063	43.764%	43.764%	3.063	43.764%	43.764%	2.642	37.746%	37.746%
2	1.628	23.262%	67.026%	1.628	23.262%	67.026%	2.050	29.280%	67.026%
3	0.691	9.869%	76.895%						
4	0.563	8.047%	84.942%						
5	0.473	6.750%	91.693%						
6	0.355	5.077%	96.770%						
7	0.226	3.230%	100.000%						

注：提取方法为主成分分析法

表3-10 旋转成分矩阵

名称	成分	
	质量	声誉
蔬菜产地		0.717
便利包装		0.839
品牌		0.809
颜色	0.708	
有无破损	0.848	

续表

名称	成分	
	质量	声誉
蔬菜外形	0.878	
新鲜度	0.777	

提取方法：① 主成分分析法；② 旋转法，具有 Kaiser 标准化的正交旋转法。旋转过程中，旋转在 3 次迭代后收敛

三、对蔬菜质量安全的认知

（一）对蔬菜质量安全的关注

如表 3-11 所示，关注蔬菜安全问题的购买者占 25.8%，他们具有一定的安全意识，这与他们的文化、家庭条件和职业都有一定的关系。对蔬菜安全问题一般重视的人占大多数，达到 66.2%，这体现了消费者的基本层面，而对蔬菜安全问题持无所谓或不关注态度的购买者极少。

表3-11　对蔬菜安全的重视度

重视度	人数/人	有效百分比/%
关注	129	25.8
一般	331	66.2
无所谓	39	7.8
不关注	1	0.2

资料来源：根据调研结果整理所得

（二）购买者认为最安全的蔬菜购买场所

从表 3-12 中可以看出，随着人们对安全知识了解程度的加深和生活水平的提高，人们的购买方式也发生了变化，超市是大多数购买者认为最安全的地方，购买率占 73.8%，而农贸市场、蔬菜批发市场及流动摊贩等，消费者表示并不习惯去购买，路边市场消费者表示并不愿意去购买，因为他们认为路边市场的蔬菜不安全。从表 3-12 来看，消费者选择购买蔬菜的场所依次是超市、自己生产、专卖店和展销会、农贸市场、蔬菜批发市场、流动摊贩。

表3-12 购买者认为最安全的蔬菜购买场所

购买场所	人数/人	有效百分比/%
超市	369	73.8
专卖店	244	48.8
农贸市场	95	19.0
蔬菜批发市场	23	4.6
展销会	221	44.2
路边市场	0	0.0
流动摊贩	7	1.4
自己生产	283	56.6
其他	3	0.6

资料来源：根据调研结果整理所得

（三）关于是否听说蔬菜质量安全的报道

从表3-13可以看出，有381人偶尔听说有关蔬菜质量安全的报道，占76.2%；比较多听说的有100人，占20.0%；经常听说的有19人，占3.8%。这说明消费者对蔬菜质量安全报道的了解频率相对较低。

表3-13 消费者了解到蔬菜质量安全报道的频率

了解报道的频率	人数/人	有效百分比/%
偶尔	381	76.2
比较多	100	20.0
经常听说	19	3.8

资料来源：根据调研结果整理所得

（四）关于蔬菜安全的信息来源

从表3-14可以看出，蔬菜安全信息的来源涉及面比较广泛，主要有报纸、电视、广播等新闻媒体，同时，朋友、顾客和客户这些经常接触的群体，也是重要渠道。政府部门提供的信息，只有少数消费者知道。政府提供信息的渠道还不够顺畅，有待进一步改进。

表3-14 消费者获取蔬菜安全信息的来源

信息来源	听说/人	有效百分比/%	没听说/人	有效百分比/%
政府部门	52	10.4	448	89.6
法律顾问	47	9.4	453	90.6
报纸和杂志	238	47.6	262	52.4
其他餐饮经营者	24	4.8	476	95.2

续表

信息来源	听说/人	有效百分比/%	没听说/人	有效百分比/%
食品加工企业	4	0.8	496	99.2
电视	350	70.0	150	30.0
广播	237	47.4	263	52.6
互联网	170	34.0	330	66.0
原料供应商	8	1.6	492	98.4
客户	86	17.2	414	82.8
顾客	134	26.8	366	73.2
朋友	243	48.6	257	51.4
其他	52	10.4	448	89.6

资料来源：根据调研结果整理所得

（五）最近一次回忆蔬菜质量问题的情况

从表3-15中看出，只有120人能够回忆起他们最近一次听到蔬菜质量问题发生的时间，说明这部分购买者对此类事件的印象深刻，而有380人不能回忆起，说明这部分购买者对此类事件习以为常，这是一种不好的习惯。

表3-15　能否回忆起最近一次听到蔬菜质量问题发生的时间

能否回忆起	人数/人	有效百分比/%
能	120	24.0
不能	380	76.0

资料来源：根据调研结果整理所得

如表3-16所示，32.9%的被调查者认为污染是影响蔬菜质量的主要因素，认为人工添加剂、农药残留和不新鲜是影响蔬菜质量的主要因素的占比分别是30.6%、22.4%和14.1%。如果能加强对这几大因素的关注和监督，就有可能减少蔬菜质量问题，提高蔬菜的安全性。

表3-16　影响蔬菜质量问题的主要因素

影响因素	人数/人	有效百分比/%
人工添加剂	26	30.6
农药残留	19	22.4
污染	28	32.9
不新鲜	12	14.1

资料来源：根据调研结果整理所得

如表3-17所示，对于一周前发生的蔬菜质量事件，购买者记忆比较清楚，占

33.6%；而两周前的就只有 19.8%；一个月前甚至更长时间发生的蔬菜质量问题，只有少数购买者能记住。

表3-17 蔬菜质量事件的发生时间

时间	人数/人	有效百分比/%
一周前	39	33.6
两周前	23	19.8
一个月前	14	12.1
两个月前	8	6.9
三个月前	8	6.9
四个月前	7	6.1
半年以前	10	8.6
一年以前	7	6.0

资料来源：根据调研结果整理所得

（六）蔬菜供应链上，哪些中间商应对蔬菜质量问题承担主要责任

从表 3-18 中可以看出，当被问及谁对蔬菜质量安全负责时，被调查者认为政府承担主要责任的概率相对大一些（3.57），其余依次为加工商（3.41）、零售商（3.30）和菜农（3.28）、菜贩子（3.15）、农资供应商（3.06）、收购商（3.00）、批发市场（2.98）、运输商（2.80）和种子供应商（2.43）。

表3-18 对蔬菜质量的责任情况分析

中间商	样本数/人	均值	标准差
政府	500	3.57	0.695
加工商	500	3.41	0.647
零售商	500	3.30	0.698
菜农	500	3.28	0.665
菜贩子	500	3.15	0.862
农资供应商	500	3.06	0.992
收购商	500	3.00	0.800
批发市场	500	2.98	0.766
运输商	500	2.80	0.941
种子供应商	500	2.43	0.931

资料来源：根据调研结果整理所得

（七）消费者对蔬菜质量的鉴别能力

表 3-19 说明，真正具有鉴别蔬菜质量能力的购买者只占 34.0%，而 66.0%的购买者没有鉴别能力，这与购买者的文化水平、年龄和职业性质等有很大关系。

表3-19 消费者是否具有鉴别蔬菜质量的能力

是否具有鉴别蔬菜质量的能力	人数/人	有效百分比/%
是	170	34.0
否	330	66.0

资料来源：根据调研结果整理所得

（八）消费者如何鉴别蔬菜质量

从表 3-20 中可以看出，消费者自己很难鉴别蔬菜是否安全，购买时只能通过询问是否有毒，或者凭经验来判断，要想让消费者知道蔬菜真正的安全状况，政府必须加大投入，购买先进设备，配备专业人员，采取科学方法，对其加以鉴别，才能确保蔬菜安全。

表3-20 鉴别蔬菜质量的方法

鉴别方法	人数/人	有效百分比/%
闻气味	224	44.8
看生产日期	50	10.0
用手摸	33	6.6
看颜色	193	38.6

资料来源：根据调研结果整理所得

（九）消费者对蔬菜安全不满的概率

当鉴别蔬菜安全的方法很少时，就很容易导致消费者对蔬菜安全不满的概率偏高，对蔬菜安全不满概率在 20%~30%的占比最高，达到了 33.4%。具体如表 3-21 所示。

表3-21 对蔬菜安全不满的概率

不满的概率/%	人数/人	有效百分比/%
0	1	0.2
(0, 10]	149	29.6
(10, 20]	120	24.0
(20, 30]	167	33.4
(30, 40]	49	9.8
>40	15	3.0

资料来源：根据调研结果整理所得

(十)消费者对蔬菜质量问题的重视度

从表3-21中可以看出,消费者对蔬菜安全的不满率较高,那么问题表现在哪里,从抽样情况分析,主要与消费者重视程度有关,有76.0%的人群很重视和一般重视蔬菜安全,只有24.0%的人群不重视蔬菜安全。具体如表3-22所示。

表3-22 蔬菜安全的重视度

重视度	人数/人	有效百分比/%
很重视	120	24.0
一般重视	260	52.0
不重视	120	24.0

资料来源:根据调研结果整理所得

(十一)对购买的蔬菜不满时,购买者如何处理

从表3-23中可以看出,当消费者得知购买的蔬菜质量不好时,他们倾向于下次选择更仔细的均值为5.65,扔掉的均值为4.82,换店的均值为4.56,退货的均值为4.22,换品牌的均值为3.63,买更贵的蔬菜均值为2.53,不管是哪一种办法,都说明蔬菜质量不好的问题可能对消费者造成了心理和经济上的伤害和损失。

表3-23 消费者不满意时的行动选择

行动选择	样本数/人	均值	标准差
下次选择更仔细	500	5.65	0.808
扔掉	500	4.82	1.225
换店	500	4.56	1.214
退货	500	4.22	1.305
换品牌	500	3.63	1.286
买更贵的蔬菜	500	2.53	1.260

资料来源:根据调研结果整理所得

(十二)消费者对蔬菜分级出售和优质优价的认知

从表3-24可以看出,目前,知道蔬菜分级出售的购买者占52.0%,不知道的占48.0%。但市场上分级出售的蔬菜有哪些和如何分级是难以确定的。从表3-25中可以看出,蔬菜优质优价是经销者的一种营销手段,有46.0%的购买者认为蔬菜分级后可以优质优价,超过一半以上的认为不可以。因为消费者不清楚蔬菜分级的标准是什么,所以这会影响购买者的意愿。

表3-24 消费者对蔬菜分级出售的认知

是否知道蔬菜分级出售	人数/人	有效百分比/%
知道	260	52.0
不知道	240	48.0

资料来源：根据调研结果整理所得

表3-25 购买者认为蔬菜分级后是否可以优质优价

是否可以优质优价	人数/人	有效百分比/%
可以	230	46.0
不可以	270	54.0

资料来源：根据调研结果整理所得

（十三）消费者对无公害蔬菜的偏好程度及原因

从表3-26中可以看出，偏好无公害蔬菜的消费者有381人，占76.0%。这说明无公害蔬菜已在消费者心中形成了较好的印象。

表3-26 相比普通蔬菜消费者是否偏好无公害蔬菜

是否偏好无公害蔬菜	人数/人	有效百分比/%
是	381	76.0
否	119	24.0

资料来源：根据调研结果整理所得

从表3-27中可以看出，消费者偏好无公害蔬菜的原因较为分散，但大多数消费者购买无公害蔬菜的决定因素是安全放心和绿色环保。

表3-27 消费者偏好无公害蔬菜的原因

原因	人数/人	有效百分比/%
安全放心	230	46.0
绿色环保	185	37.0
有益健康	75	15.0
品质保障	10	2.0

资料来源：根据调研结果整理所得

（十四）消费者对绿色蔬菜的偏好程度及原因

从表3-28和表3-29可以看出，比较偏好购买绿色蔬菜的消费者仅占28.0%。这说明人们对绿色蔬菜还不太了解，认知度较低，还没有从理念上形成深刻的印象。偏好绿色蔬菜的原因尽管比较分散，但绝大多数消费者还是从绿色环保角度考虑，安全当然也是重要的影响因素之一。

表3-28　相比普通蔬菜消费者偏好绿色蔬菜的情况

是否偏好绿色蔬菜	人数/人	有效百分比/%
是	139	28.0
否	361	72.0

资料来源：根据调研结果整理所得

表3-29　消费者偏好绿色蔬菜的原因

原因	人数/人	有效百分比/%
安全	120	24.0
绿色环保	300	60.0
品质保障	80	16.0

资料来源：根据调研结果整理所得

（十五）对有机蔬菜偏好及原因

从表3-30和表3-31中可以看出，偏好有机蔬菜的消费者只占28.0%，与偏好绿色蔬菜的差不多，这符合一般消费者的情况。但绝大多数消费者对有机蔬菜了解甚少，有的购买目的不够明确，注重新鲜度和外观的比较多，其他方面的关注较少。

表3-30　相比普通蔬菜消费者是否偏好有机蔬菜

是否偏好有机蔬菜	人数/人	有效百分比/%
是	139	28.0
否	361	72.0

资料来源：根据调研结果整理所得

表3-31　消费者偏好有机蔬菜的原因

原因	人数/人	有效百分比/%
新鲜度	210	42.0
绿色环保	75	15.0
外观	115	23.0
营养	35	7.0
价格	65	13.0

资料来源：根据调研结果整理所得

四、影响消费者购买蔬菜行为的因素

研究表明，影响消费者购买蔬菜的因素有很多，不同的因素会对蔬菜购买产生直接的影响。接下来将分别从性别、年龄、收入、教育和其他因素进行分析。

（一）性别因素

从表 3-32 中可以看出，相对于男性，女性在能否回忆起最近一次蔬菜质量报道的问题上有较高的有效百分比。这说明女性对于蔬菜质量安全比较关注。女性是家庭蔬菜消费决策的主角，她们的购买决策不仅关系到自己，而且关系到全体家庭成员的健康，因此，这部分人群对蔬菜品质给予了更多关注。

表3-32　性别与能否回忆交叉制表　　　　　　　　　单位：人

项目	分类	能否回忆起最近一次关于蔬菜质量安全的报道		合计
		能	不能	
性别	女	74	189	263
	男	46	191	237
合计		120	380	500

资料来源：根据调研结果整理所得

注：皮尔逊卡方值=5.206a；自由度=1；显著性=0.023

（二）年龄因素

从表 3-33 中可以看出，20～24 岁的年轻人对于绿色蔬菜有较高的认知，这表明年轻一代对于蔬菜安全问题有一定的关注。

表3-33　年龄与绿色蔬菜分级交叉表

名称	分类	是否知道绿色蔬菜分级		合计/人
		知道/人	不知道/人	
年龄/岁	20～24	10	0	10
	25～29	5	8	13
	30～34	6	9	15
	35～39	11	5	16
	40～45	15	8	23
	45～49	8	5	13
	50～54	10	4	14
	55～59	5	11	16
	60～64	5	2	7
	65 及以上	5	8	13
合计/人		80	60	140

资料来源：根据调研结果整理所得

注：皮尔逊卡方值=20.730a；自由度=9；显著性=0.014

从表 3-34 中可以看出，家庭年收入在 10 万～15 万元的消费者与家庭年收入在 3 万元及以下的消费者具有显著差异，前者具有较高的均值。这表明这类群体比家庭年收入在 3 万元及以下的消费者更关注蔬菜质量。

表3-34　家庭收入与购买因子单因素分析

因素 1

多重比较

家庭年收入/万元	人数/人	信度=0.05 的子集	
		子集 1	子集 2
≤3	21	3.5397	
(3, 5]	126	3.8280	3.8280
(5, 10]	211	4.0648	4.0648
(10, 13]	65		4.2769
(13, 15]	51		4.3987
>15	26	3.8077	3.8077
显著性		0.273	0.159

将显示同类子集中的组均值

a. 将使用调和均值样本大小=44.860

b. 组大小不相等；将使用组大小的调和均值；将不保证 I 类错误级别

资料来源：根据调研结果整理所得

（三）收入因素

从表 3-35～表 3-37 中可以看出，收入越高，消费者对蔬菜分级的认知越高，尤其是对绿色蔬菜分级的认知有效百分比越高，消费者购买有机蔬菜的偏好也就越高。这表明相对于低收入者，高收入者对蔬菜质量具有较高的关注度，也是有机蔬菜的消费主力。

表3-35　收入与是否知道蔬菜分级交叉表

名称	分类	是否知道分级出售		合计/人
		是/人	否/人	
家庭年收入/万元	≤3	8	13	21
	(3, 5]	63	63	126
	(5, 10]	121	90	211
	(10, 13]	44	21	65
	(13, 15]	37	14	51

续表

名称	分类	是否知道分级出售		合计/人
		是/人	否/人	
家庭年收入/万元	>15	15	11	26
合计/人		288	212	500

资料来源：根据调研结果整理所得

注：皮尔逊卡方值=13.634a；自由度=5；显著性=0.018

表3-36　收入与是否知道绿色分级交叉表

名称	分类	是否知道绿色分级		合计/人
		是/人	否/人	
家庭年收入/万元	≤3	1	7	8
	(3, 5]	7	12	19
	(5, 10]	39	24	63
	(10, 13]	17	5	22
	(13, 15]	9	5	14
	>15	7	7	14
合计/人		80	60	140

资料来源：根据调研结果整理所得

注：皮尔逊卡方值=14.515a；自由度=5；显著性=0.013

表3-37　年龄与是否偏好有机蔬菜交叉表

名称	分类	是否偏好有机蔬菜		合计/人
		是/人	否/人	
家庭年收入/万元	≤3	5	16	21
	(3, 5]	30	96	126
	(5, 10]	52	159	211
	(10, 13]	21	44	65
	(13, 15]	18	33	51
	>15	15	11	26
合计/人		141	359	500

资料来源：根据调研结果整理所得

注：皮尔逊卡方值=15.6955a；自由度=5；显著性=0.008

（四）教育因素

从表3-38～表3-40中可以看出，居民受教育程度与是否偏好无公害蔬菜有显著关系。教育程度越高，偏好无公害蔬菜的比重就越高，对绿色分级的认知也就越高。同时可以发现，中等教育者（中专与大专）在能否回忆起最近一次的蔬菜质量问题时所占的比重较低，说明这一部分人群对蔬菜质量问题的关注度相对较低。

表3-38 教育与是否偏好无公害蔬菜交叉表

单位：人

名称	分类	是否偏好无公害蔬菜		合计
		是	否	
教育情况	小学及以下	27	13	40
	初中	55	30	85
	高中	58	8	66
	中专	37	23	60
	大专	36	21	57
	本科	139	24	163
	研究生	29	0	29
合计		381	119	500

资料来源：根据调研结果整理所得

注：皮尔逊卡方值=41.621a；自由度=6；显著性=0.000

表3-39 教育与是否知道绿色蔬菜分级交叉表

单位：人

名称	分类	是否知道绿色蔬菜分级		合计
		是	否	
教育情况	小学及以下	0	8	8
	初中	11	5	16
	高中	9	5	14
	中专	5	5	10
	大专	9	10	19
	本科	40	25	65
	研究生	6	2	8
合计		80	60	140

资料来源：根据调研结果整理所得

注：皮尔逊卡方值=14.343a；自由度=6；显著性=0.026

表3-40 教育与能否回忆起最近一次的蔬菜质量问题交叉表

单位：人

名称	分类	能否回忆起最近一次的蔬菜质量问题		合计
		能	否	
教育情况	小学及以下	15	25	40
	初中	30	55	85
	高中	18	48	66
	中专	7	53	60
	大专	9	48	57
	本科	34	129	163
	研究生	7	22	29
合计		120	380	500

资料来源：根据调研结果整理所得

注：皮尔逊卡方值=18.321a；自由度=6；显著性=0.005

从表 3-41 中可以看出，具有研究生学历的消费者和其他学历的消费者在因子 1 上显著不同，具有较高的均值。这表明具有研究生学历的消费者对蔬菜质量相对比较关注。

表3-41　教育与购买因子单因素分析

因子 1

多重比较

教育情况	人数/人	信度=0.05 的子集	
		子集 1	子集 2
小学	40	4.0167	
初中	85	4.0078	
高中	66	4.1667	
中专	60	3.8500	
大专	57	3.6608	
本科	163	4.0409	
研究生	29		4.8621
显著性		0.251	1.000

将显示同类子集中的组均值

a. 将使用调和均值样本大小=55.229

资料来源：根据调研结果整理所得

（五）其他因素

从表 3-42～表 3-44 中可以看出，有退休老人的家庭，对于蔬菜安全问题关注度较高（表 3-42），但对绿色蔬菜的分级了解较少（表 3-43），知道质量问题报道的也比较少（表 3-44），这表明老年人对绿色蔬菜的认知缺乏。

表3-42　是否有退休老人在家与是否关心蔬菜安全交叉表　　　单位：人

题项	选项	对蔬菜质量安全问题的关注				合计
		非常关注	经常关注	偶尔关注	一般不关注	
是否有退休老人在家	是	71	136	18	0	225
	否	58	195	21	1	275
合计		129	331	39	1	500

资料来源：根据调研结果整理所得

注：皮尔逊卡方值=8.139a；自由度=3；显著性=0.043

表3-43　是否有退休老人在家与是否知道绿色蔬菜分级交叉表　　　　单位：人

题项	选项	是否知道绿色蔬菜分级		合计
		知道	不知道	
是否有退休老人在家	是	27	41	68
	否	53	19	72
合计		80	60	140

资料来源：根据调研结果整理所得

注：皮尔逊卡方值=16.416a；自由度=1；显著性=0.000

表3-44　是否有退休老人与是否听说过蔬菜质量问题报道交叉表　　单位：人

题项	选项	是否听说过关于蔬菜质量问题的报道			合计
		从未或偶尔听说	经常听说	总是听说	
是否有退休老人在家	是	149	63	13	225
	否	232	37	6	275
合计		381	100	19	500

资料来源：根据调研结果整理所得

注：皮尔逊卡方值=22.647a；自由度=2；显著性=0.000

从表3-45和表3-46中可以看出，有孩子在家的消费者相对于没有孩子在家的消费者在知道蔬菜分级出售上有较高的有效百分比，在蔬菜质量鉴定能力上具有较高的有效百分比。这说明相对来说，有孩子的家庭更注重蔬菜质量问题。

表3-45　是否有孩子在家与是否知道蔬菜分级出售的交叉表　　　单位：人

题项	选项	是否知道蔬菜分级出售		合计
		知道	不知道	
是否有孩子在家	是	197	107	304
	否	91	105	196
合计		288	212	500

资料来源：根据调研结果整理所得

注：皮尔逊卡方值=16.734a；自由度=1；显著性=0.000

表3-46　是否有孩子在家与是否具有蔬菜质量鉴别能力交叉表　　单位：人

题项	选项	是否具有蔬菜质量鉴别能力			合计
		较高鉴别能力	一般鉴别能力	较低鉴别能力	
是否有孩子在家	是	124	179	1	304
	否	47	149	0	196
合计		171	328	1	500

资料来源：根据调研结果整理所得

注：皮尔逊卡方值=15.827a；自由度=2；显著性=0.000

通过对江苏省部分城市居民的调查分析，目前，消费者普遍都比较关注蔬菜安全问题，且都对蔬菜安全问题表现出了不同程度的担心，但同时，消费者对安全蔬菜的认识程度普遍较浅。当前大部分消费者对无公害、绿色、有机蔬菜三类安全蔬菜有一定程度的了解，其中城市消费者对这三类安全蔬菜比城镇消费者更熟悉。但无论是城市消费者还是城镇消费者，在对无公害、绿色、有机蔬菜三种蔬菜的认知程度上还存在较大差异，其中对绿色蔬菜、无公害蔬菜熟悉的比例远高于有机蔬菜。

消费者对蔬菜安全信息的关注程度对城市和城镇消费者的购买行为有显著影响，因此，政府通过信息披露等手段来提高安全蔬菜供给的总效率将具有重要的经济和现实意义。实证分析表明，消费者当前对政府随时披露市场检测的结果及提供市场检测手段需求较高，而对安全消费信息的需求较低。这一方面说明消费者对蔬菜安全信息的及时性要求较高，需要保证政府发布生鲜蔬菜安全信息的及时性和有效性，需要从制度上保证企业、媒体、政府及非政府部门信息传递的真实性，从而减少消费者的健康风险；另一方面说明目前消费者对蔬菜安全风险的防范主要依靠第三方的卫生监督和管理，而自我防范蔬菜安全风险的意识较差。因此，政府要特别加强对城镇居民和农村居民相关知识的培训和教育。

收入对消费者的行为在城镇比城市的影响作用更大。考虑到收入的地区差异，政府应该因地制宜，使蔬菜安全管理实现地区间的均衡。另外，通过本章的研究可知，政府制定蔬菜安全管理政策时不能忽略不同地区社会文化对蔬菜消费者行为的影响，只有这样，政府才能在市场机制下充分发挥蔬菜安全管理政策的效用。

第三节　促进江苏省蔬菜产业发展的对策

江苏省蔬菜生产有着良好的资源、区位、科研优势，全省蔬菜产业的竞争优势明显。2010年，江苏省蔬菜总产值已达到600亿元，占种植业总产值的40%以上。下一步，江苏省蔬菜产业发展应立足资源优势，以结构调整为主线，以市场为导向，以科技为依托，以增加农民收入为根本，争创地方名优特色菜，大力推进产业发展。面对蔬菜供大于求的局面，应积极从科技推广、市场营销、加工转化、基地布局、政策扶持等多方面采取措施，努力提高蔬菜生产的经济效益，以促进江苏省蔬菜产业健康、稳定发展。

一、加快科技进步

提高江苏省蔬菜竞争力的关键是大力实施教科兴农战略,不断提高蔬菜产业科技含量。要加大蔬菜科研与技术开发的力度。以提高产品质量、档次和创汇能力为目标,在品种更新、技术更新和专业人才的培养等方面下功夫。要大力扶植科技开发型企业,大力发展民营蔬菜科技企业,使蔬菜加工企业成为加工技术开发的主体。要加强"三农"协作。发挥农业科研院所、农业院校和农业技术推广部门各自的优势,以项目为龙头,在蔬菜新品种、新技术、新资材、新工艺的开发与推广应用等方面开展联合攻关、协作推广,快出成果,多出成果,加快成果转化。

二、推进产业化经营

围绕特色产品,优化生产要素配置,打破生产、加工、贸易的分割,拉长和整合蔬菜经济产业链,提高蔬菜产业效益。要强化市场体系建设;要大力培育以农民为主体的各类蔬菜行业协会和合作经济组织;要加快现有蔬菜加工和流通企业改制改造;要建立产销信息网络,强化蔬菜产业信息网络建设,实现江苏省农业信息中心与市、县蔬菜部门、重点乡镇、批发市场和加工企业之间的联网,形成较完整的蔬菜产销信息网络,并逐步开展网上商贸业务;要加强对蔬菜产销信息资源的分析和研究,为生产者、经营者提供准确、便捷的信息服务。

三、调优产品结构

江苏省蔬菜生产结构要进行重大战略性调整,提高优质产品的比例,提高名特蔬菜的比例,提高专用型品种的比例。通过结构调整,江苏省建成100个特色乡镇和400万亩特色蔬菜基地。

四、大力发展创汇蔬菜

发展创汇蔬菜是今后一个时期江苏省实施蔬菜战略的目标,能否在创汇蔬菜发展上取得实质性突破,关系到江苏省蔬菜产业能否在下一轮国际、国内市场竞争中占据主导地位、赢得优势。各级领导要高度重视、大力扶持创汇蔬菜产业的发展，要像抓商品粮基地县建设一样，抓好出口蔬菜基地县建设。通过扶持出口蔬菜基地县建设，培育壮大外向型加工龙头企业，带动江苏省蔬菜外向型经济发展，使出口蔬菜成为江苏省创汇农业的支柱产品和支柱经济。

五、切实加强领导

蔬菜产业既是传统产业，也是新兴产业，更是人类文明的"先导产业"。当代农业中，蔬菜产业是最具市场发展潜力而又充满生机活力的朝阳产业之一。江苏省具有建设蔬菜强省得天独厚的条件，必须抢抓机遇，因势利导，再造优势，再创辉煌，而大力发展蔬菜产业的关键在于各级领导的机遇与挑战意识、开拓与创新能力。各级政府要着力抓好思想发动、宣传引导；制定规划、落实政策；规范市场、健全法制，为蔬菜产业发展营造宽松的社会环境。只要领导重视，认识到位，工作到位，措施到位，继续实行"菜篮子"市长、县长负责制，蔬菜产业就会不负众望，会担起农业增效、农民增收的重任，主导农业现代化、外向化发展。

六、加大政策扶持

江苏省要落实已制定的扶持蔬菜产业发展的政策措施，出台"加快我省蔬菜产业发展的意见"，以加强对蔬菜产业发展的计划引导和宏观调控，促进江苏省蔬菜产业快速、健康、可持续发展。要理顺蔬菜行业管理体制，切实增加蔬菜产业资金投入，设立蔬菜风险调节基金（或蔬菜发展基金），大力培养蔬菜科技人才，制定加快发展外向型蔬菜经济的优惠政策措施。

第四章　江苏省鸡蛋的消费者行为研究

改革开放以来，城乡居民的收入和生活水平有了显著提高，饮食结构也发生了很大变化，消费者越来越注重食品的营养与安全。鸡蛋作为一种传统的农业产物，是人们的主要营养来源之一，是生活必需品，与消费者的生活和健康紧密相关。然而，2011年以来随着消费者对鸡蛋消费需求的增加和重大食品安全问题的不断发生，国内鸡蛋产业食品安全问题十分突出，主要问题集中在鸡蛋生产过程中药物和添加剂的违规使用及所谓的"人工鸡蛋"等。鸡蛋食品安全问题受到消费者、政府和企业等社会各界的关注。消费者对鸡蛋食品安全存在顾虑，会对其消费者行为产生一定的影响。

本章的主要内容包括鸡蛋产业发展概况，江苏省鸡蛋消费者行为调研情况及促进江苏省鸡蛋产业发展的对策。

第一节　鸡蛋产业发展概况

改革开放以来，我国鸡蛋产业的发展取得了举世瞩目的成就。联合国粮食及农业组织（Food and Agriculture Organization of the United Nations，FAO）的统计数据显示，1984年我国鸡蛋产量仅为361.9万吨，位于苏联和美国之后；到1985年我国鸡蛋产量达到444.7万吨，超越苏联和美国成为世界第一产蛋大国。自此之后，我国鸡蛋产量不断上升，详见图4-1。我国鸡蛋产业规模巨大，在世界市场上具有举足轻重的地位。

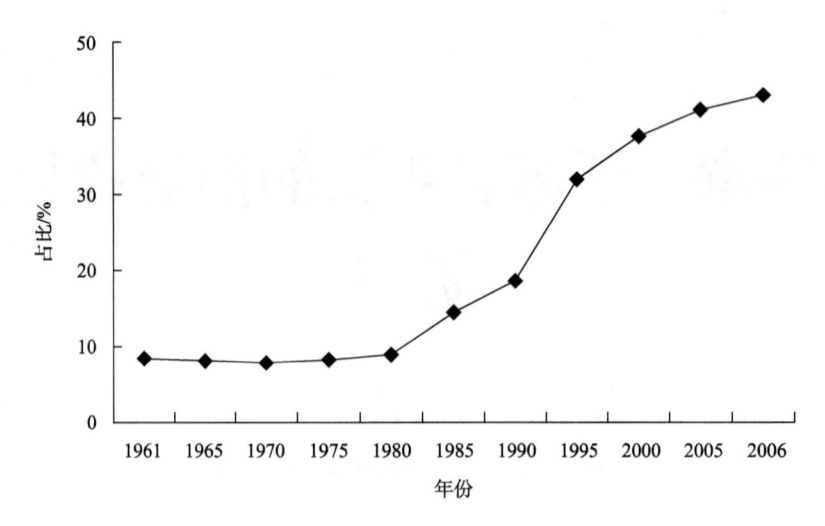

图 4-1　1961～2006 年我国鸡蛋产量占世界的比重
资料来源：申秋红. 2008. 中国家禽产业的经济分析[D]. 北京：中国农业科学院

我国鸡蛋产业在国际上占据如此重要的地位，离不开国内相关行业的支持。因此，对国内鸡蛋产业的现状及其特征的了解显得十分有意义。本节将从供给和需求两个方面，对我国鸡蛋产业的现状及特征进行介绍。

一、2000～2010 年全国鸡蛋产业概述

（一）鸡蛋生产供给状况

《中国农村统计年鉴》的统计资料显示，2000～2010 年我国禽蛋的生产产量整体上处于上升趋势。如图 4-2 所示，除 2006～2007 年左右受禽流感等重大事件的影响，我国禽蛋的产量出现了一定程度的下滑，其余年份均处于稳步上升的阶段。2000 年我国禽蛋总产量为 2243.3 万吨，2010 年总产量增至 2762.7 万吨，2000～2010 年十一年间的增长量为 519.4 万吨，增长了 23.15%，年均增长率为 2.10%。从禽蛋产量的年增长率来看，2006 年受禽流感疫情的影响，当年的产量增长率为-15.82%，是有史以来的最低点。除去这个奇异点外，其余年份的增长率基本处在相对平稳的状态。详见图 4-2。

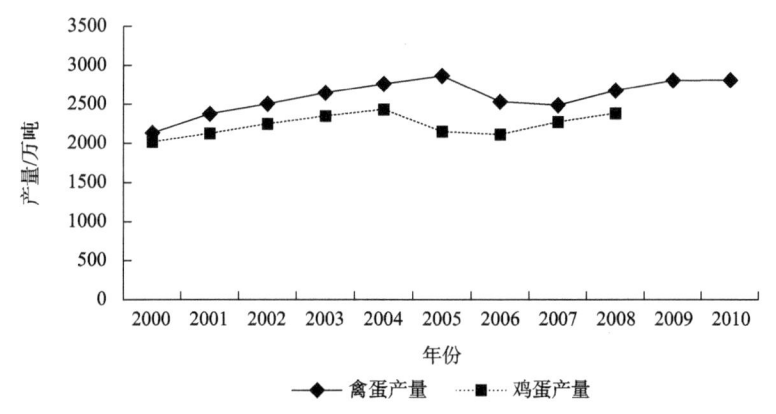

图 4-2 2000~2010 年我国禽蛋、鸡蛋产量
资料来源：《中国畜牧年鉴 2009》《中国统计年鉴 2011》

相关统计数据显示，我国鸡蛋总产量占当年禽蛋总产量的 85%左右。因此，鸡蛋是我国最主要的禽蛋品种。FAO 公布的数据显示，2001 年我国鸡蛋总产量为 2021 万吨，2009 年增长至 2387.1 万吨，年平均增长 45.76 万吨，年均增长率为 2.10%。图 4-3 和图 4-4 显示，我国鸡蛋年总产量所表现出的变化趋势与禽蛋总产量基本一致，且更加稳定，即除去特殊年份，鸡蛋总产量稳步上升，年增长率始终保持在 5.00%左右。

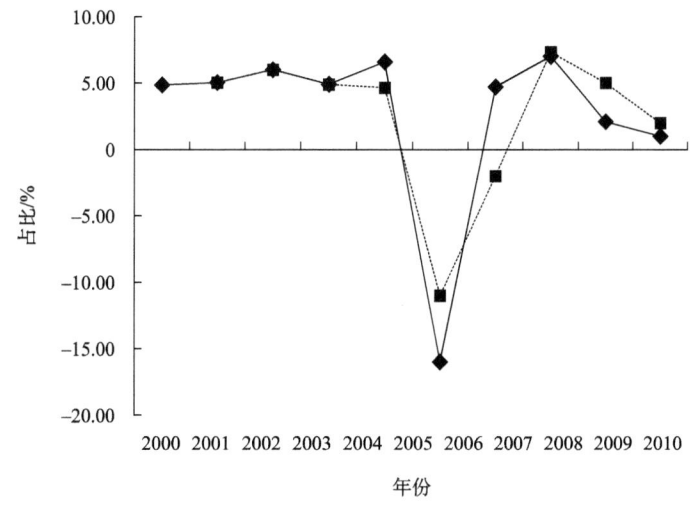

图 4-3 2000~2010 年我国禽蛋、鸡蛋产量增长率
资料来源：根据《中国畜牧年鉴 2009》《中国统计年鉴》（2002~2011 年）相关数据整理

鸡蛋产量方面所表现出的稳定增长趋势在人均蛋产量方面表现得尤为明显。如图 4-4 所示，我国人均鸡蛋供给量由 2001 年的 17.3 千克增长至 2009 年的 20.6

千克，9年间，人均鸡蛋产量共增加了3.3千克。从变化趋势来看，在2006年之前，人均鸡蛋供给量水平缓慢上升，平均增长率为1.57%，最高增长率为2.26%，最低为0.6%。2006年之后的两年里，我国人均鸡蛋供给量经历了一个快速恢复的阶段，2007年和2008年的增长率分别达到了3.78%和6.25%，但其后增长放缓，2009年增长率仅为0.98%。

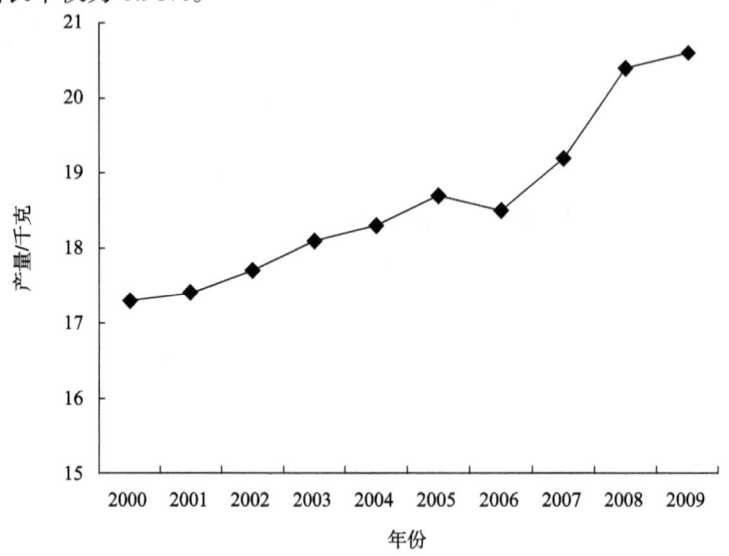

图4-4 2000~2009年我国人均鸡蛋供给量

资料来源：根据《中国畜牧年鉴2009》《中国统计年鉴2010》相关数据整理

从2008年我国各地区禽蛋产量情况来看，我国禽蛋产量最大的地区主要分布在华北地区，主要有河北省、河南省、山东省，产量分别达到了411万吨、371.7万吨、365万吨。产量较少的地区分别是西藏自治区（0.3万吨）、青海省（1.4万吨）、海南省（3.1万吨）。

在养殖规模上，我国蛋鸡的养殖仍然以小规模养殖为主。以2008年为例，当年全国蛋鸡存栏总量为246 713万只，当年全国鸡蛋总产量为2659.32万吨。但其中年存栏数在10 000只以下的小规模养殖场所养殖的蛋鸡数为191 476.5万只，占全国蛋鸡存栏总量的77.61%。这部分小规模养殖场生产的鸡蛋总数为2013.88万吨，占当年鸡蛋总产量的比例高达75.73%。与之形成鲜明对比的是，蛋鸡年存栏量在10万只及以上的大中型养殖场的养殖量之和仅为5996.62万只，占当年全国蛋鸡存栏总量的比例仅为2.43%，产量仅为66.72万吨，占全国全年鸡蛋产量的比例仅为2.51%。由此可见，我国仍存在着众多小规模蛋鸡养殖场，这些小规模蛋鸡养殖场生产了我国大部分鸡蛋，大规模蛋鸡养殖场尚处在起步阶段。

（二）鸡蛋消费及需求状况

据统计，我国城镇居民禽蛋的人均消费已趋于稳定。1990～2000年为消费上升期，从人均7.25千克增加至11.21千克。2000年以后略有下降，到2005年后消费量基本稳定在10.4千克左右（图4-5）。国家统计局另一份统计资料显示，2006年1～11月，我国城镇居民每月人均购买禽蛋量为0.93千克，同比增长0.49%，购买额为5.61元，同比下降6.98%。其中每月人均购买鲜蛋量为0.87千克，同比增长0.42%，购买额为5.04元，同比下降7.76%。按照这样的比例来看，截至2009年底，我国总人口数量达到133 474万人，其中城镇人口32 186万人，占全国总人口的24.11%。本年度蛋类消费量达2776.54万吨，人均禽蛋年消费量达20.80千克，由此可见，我国蛋类市场需求庞大。

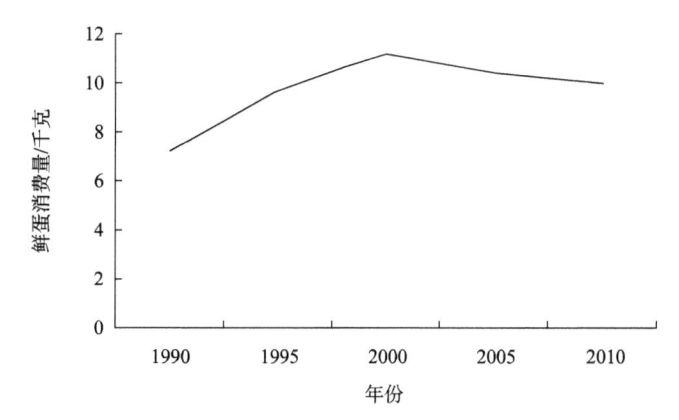

图4-5 我国城镇居民家庭平均每人全年鲜蛋消费量
资料来源：《中国畜牧业统计2009》

从地区角度来看，我国北方地区蛋类购买量较大。天津人均月购买量为1.50千克，居全国之首。辽宁、安徽、山东、河北、山西等12个省市蛋类购买量均超过全国平均水平。海南和贵州两省的鸡蛋人均购买量偏低，分别为0.32千克和0.50千克。因此，我国蛋类的需求量在地域上表现出由北向南递减的趋势。

从价格方面来看，我国鸡蛋价格的波动表现出一定的周期性，但也会随着整体物价水平的上涨而出现水涨船高的现象。有关研究数据显示，一般对于禽蛋养殖业来说，以往市场正常变化规律是以三年为一个市场变化周期，表4-1为2007~2009年三年的全国均价。

表4-1　2007~2009年各月全国主产区鸡蛋平均价格　　　　单位：元/斤

年份	1月	2月	3月	4月	5月	6月	7月	8月	9月	10月	11月	12月
2007	2.96	2.95	2.69	3.10	3.33	2.88	2.97	3.19	3.25	3.01	2.82	2.81
2008	2.78	2.70	2.72	2.80	3.20	3.10	3.00	3.30	3.50	2.85	2.80	2.80
2009	2.74	2.70	2.73	3.10	3.10	2.80	2.80	3.30	3.30	3.00	2.90	3.10

资料来源：中国农产品价格调查年鉴

2007年，对养殖业来说是大起大落的一年，尤其对蛋鸡养殖来说，上半年，由于蛋鸡存量减少，生产鲜蛋能力下降，造成上半年全国鸡蛋价格普遍高涨；5月全国鸡蛋价格达到了上半年顶峰。价格上涨，养殖户补栏热情高涨，到下半年又出现了供大于求的现象，导致鸡蛋价格后期增长劲头不足，呈下跌态势。不过对2007年蛋鸡养殖业来说，是收益较丰厚的一年，由于2007年饲料价格要低于后两年，所以养殖户称之为"暴利"收入的一年，养殖户养殖热情高涨。

2008年，鸡蛋价格高开低走，继1、2月份的高价后，3、4月份鸡蛋价格持续下跌；从4月末开始鸡蛋价格回暖，呈小幅度的增长态势，6月中旬达到上半年最高水平；虽然从6月末开始有一个小幅度的下跌，但从7月第2周开始，上涨态势强劲；直至中秋，鸡蛋价格都处于乐观状态运行；中秋、国庆双节过后，由于节日效应消退影响，鸡蛋价格出现较为明显的下滑。10月25日香港食物安全中心宣布首次在香港发现新鲜鸡蛋中三聚氰胺含量超标后，全国鸡蛋价格再次进入寒冬。同时，在国际金融危机冲击下，农产品价格下行，再加上部分地区发生禽流感事件，多重压力导致2008年国内蛋鸡养殖业面临严峻挑战。

2009年末，我国食用农产品价格出现普遍上涨现象。粮食、食用油价格稳步上涨，大蒜、辣椒等蔬菜价格也创下新高，前期持续低迷的猪肉、鸡蛋价格也随之上涨。蛋鸡养殖业整体行情与2008年相比，养殖户整体盈余水平略高一些。2009年鸡蛋行情出现两个高峰波段，第一波段在4~5月，第二波段在7月中旬~9月下旬。其原因就是，这一年五一期间，猪流感疫情的来临，致使猪肉滞销。人们对猪肉的购买意愿降低，转而对鸡蛋的需求增加，所以，5月鸡蛋整体行情较为乐观，价格创上半年新高，6月销量整体下滑，从7月开始，全国鸡蛋价格又开始上涨，鸡蛋价格呈现"淡季不淡"态势。进入8月，鸡蛋价格仍然保持持续走高态势。受国庆、中秋节日效应拉动作用影响，进入9月全国鸡蛋价格仍然持续上涨，并创下下半年新高。进入10月，先是台风等天气造成鸡蛋价格下滑，然后又赶上秋菜大量上市，同时，又遇到猪肉价格下滑，连带鸡蛋价格持续下滑。整体来说，2009年禽蛋行情经历了一波三折，呈现涨涨跌跌的局面。

由图4-6总结的关于2009年4月~2011年4月我国鸡蛋的价格走势可见，我国鸡蛋的价格再次走上了一个高峰，2011年春节期间全国鸡蛋的平均价格超过了10元/千克，成为过去20个月以来之最。春节之后，鸡蛋价格出现了一定程度的回落。

据调查，2011年第一季度全国鸡蛋平均批发价为7.46元/千克，较2010年同期增加1.38元/千克，同比增长率达22.5%。相关部门对全国12个大中城市的抽样调查数据显示，2011年3月1日，我国鸡蛋报价平均为7.28元/千克。但近期由于物价水平的普遍上涨，尤其是2011年5、6月份以来，物价水平上涨迅速，其中5月消费者价格指数（consumer price index，CPI）为5.5%，6月为6.4%，其上涨速度达到了历史的新高点。中华人民共和国农业农村部（以下简称农业农村部）信息中心发布的最新信息显示，2011年7月6日全国鸡蛋平均价格为8.06元/千克，其中鸡蛋价格最高地区为安徽宣城8.8元/千克，最低地区为黑龙江哈尔滨7.2元/千克。有专家预测，我国鸡蛋价格持续走高的趋势还将随着物价水平的提高而延续。

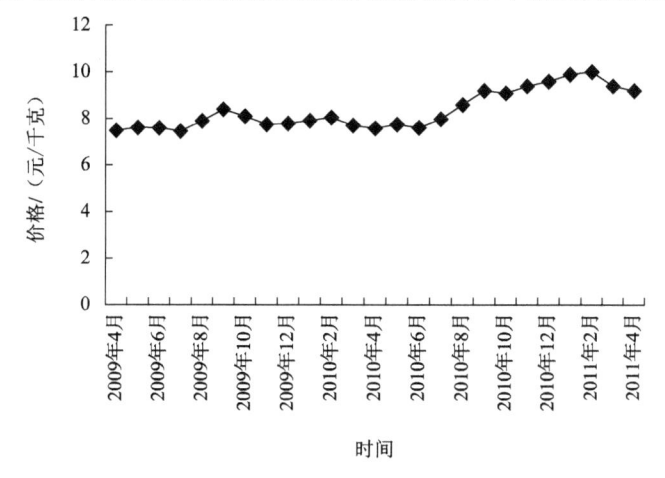

图4-6 2009年4月~2011年4月全国鸡蛋价格走势
资料来源：最近24个月全国鸡蛋价格曲线. 黑龙江畜牧兽医，2011，（10）：52

二、江苏省鸡蛋行业现状概述

江苏省是我国禽蛋生产大省，是我国的老牌商品蛋供应区，在全国禽蛋供应中占有重要的地位。以2008年为例，全省禽蛋产量为196.43万吨，其中鸡蛋产量162万吨，占全国禽蛋产量的7.44%，仅次于山东、河南和河北三省，名列全国第四。

2005年下半年开始，我国乃至整个东南亚地区爆发了严重的禽流感疫情，为加强疫情防控工作，维护家禽业稳定发展，国务院办公厅按照企业和农户生产自救与国家适当扶持相结合、制定应急扶持措施与建立稳定发展长效机制相结合的原则，于2005年11月18日发布了《国务院办公厅关于扶持家禽业发展的若干意见》，该文件要求各级政府对家禽免疫和疫区家禽扑杀给予财政补贴；免征所得税，增值税即征即退，兑现出口退税，适当减免部分地方税；减免部分政府性基金和行政性收费；加大流动资金贷款和财政贴息支持力度；增强疫苗供应保障能力；保护种禽生产能力和家禽品种资源；维护正常的市场流通秩序；确保养殖农户得到政策实惠，企业职工生活得到保障；稳步推进家禽业转变饲养方式等。2006年6月29日，国务院又出台政策将《国务院办公厅关于扶持家禽业发展的若干意见》的部分政策措施延长实施至2006年12月31日。

为深入贯彻和落实党中央的指导意见，江苏省人民政府办公厅于2006年1月5日制定和实施了苏政办发〔2006〕1号文件《省政府办公厅关于扶持家禽业发展有关政策规定的通知》，提出了江苏省扶持家禽业发展的政策意见。该文件在对上级文件细化的基础上进一步提出要积极恢复家禽生产工作。2010年江苏省政府为了深入贯彻落实科学发展观，在《省政府办公厅关于推进新一轮"菜篮子"工程建设的通知》的文件中，明确提出将建设蔬菜园艺产品标准化设施生产基地、畜禽规模化养殖场（小区）、水产健康养殖示范场（基地）等作为新一轮"菜篮子"工作的重中之重。同时，为降低养殖风险，鼓励养殖户扩大养殖规模，还制定了《江苏省政策性农业保险肉鸡养殖保险条款》。

在各级政府的高度重视下，相关部门认真履职，通过狠抓品种改良，大力发展规模大户、养殖小区和生态园区，江苏省禽蛋生产实现一年一个新台阶。据统计，1995~2010年，江苏省禽蛋产量共增长了8.7%，禽蛋产量呈现连年快速上升的趋势，且近年来这种上升的趋势有明显加快的倾向，如图4-7所示。

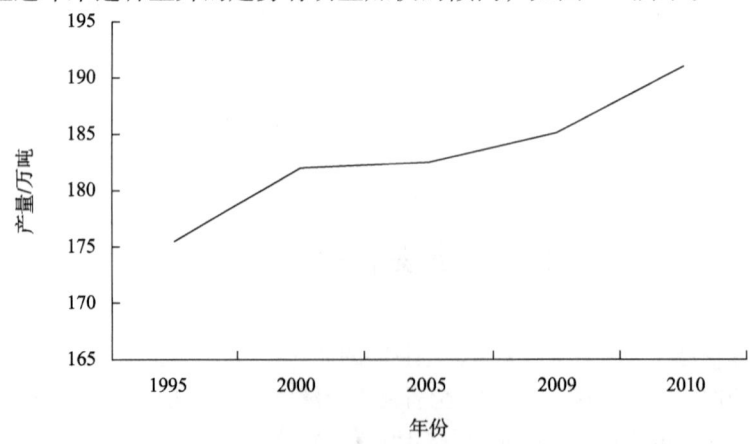

图4-7 近年来江苏省禽蛋产量走势

资料来源：《江苏统计年鉴2011》

为提高农产品质量安全水平、增强农产品市场竞争力、提高农业效益、增加农民收入，江苏省于2004年6月25日发布了苏政办发〔2004〕57号文件《省政府办公厅关于进一步做好农业标准化工作的通知》，要求以加快农业标准的制（修）订步伐为全省农业标准化工作的目标任务，提出了加快标准制（修）订和清理的步伐，完善农业标准体系；全面推行标准化管理，加快标准实施进程；积极推进认证制度，创建农产品品牌；规范农产品检测体系建设，充分发挥检测资源的作用；推进农产品流通领域标准化与两省一市（江苏省、浙江省、上海市）农业标准的互通互认工作，促进农产品物流业发展；强化重点领域标准实施的监督，提高标准实施水平等六大重点工作环节。

为进一步推进禽蛋养殖行业标准化的实施，江苏省政府根据《农业农村部办公厅、财政部办公厅关于印发<2010年畜禽标准化养殖扶持项目实施指导意见>的通知》（农办财〔2010〕119号）精神，结合本省实际，制订实施了《2010年江苏省蛋鸡、肉鸡标准化养殖扶持项目实施方案》，决定以自愿和以奖代补的原则，对通过验收、切实发挥示范带动作用的养殖场（户）给予适当奖励。该文件对奖励扶持的范围、补偿标准、建设内容、项目实施程序等均结合江苏省的实际情况做了详细的规定。2009年11月20日，《江苏省种畜禽生产经营许可证审核发放和畜禽养殖备案办法》正式出台，为规范该省畜禽养殖的实施提供了政策保障和实施依据。

2008年4月11日，江苏省人民政府办公厅发布了苏政办发〔2008〕22号文件《省政府办公厅关于加强农产品质量安全检验检测体系建设的通知》。2009年2月4日，为全面贯彻《中华人民共和国农产品质量安全法》，加强江苏省农产品质量建设，提高农产品质量安全水平，确保农产品消费安全，保障人民群众身体健康，江苏省颁布实施了苏政办发〔2009〕15号文件《省政府办公厅关于加强农产品质量建设的通知》，再一次将大力推进农业标准化生产提到了重要的位置，同时提出了要加快优质安全农产品基地建设步伐，加强农产品品牌建设，建立健全农产品质量安全检验检测体系，强化农产品质量安全监管等指导性意见，为该省畜禽养殖业的发展进一步指明了方向。

通过不断出台优惠政策特别是对发展规模大户（场）和养殖小区建设所涉及的用林、用地、用电、用水、信贷等方面的优惠规定，有效刺激了禽蛋产业发展。通过建立干部选拔激励机制促进产业发展，严格落实帮扶制度和帮扶措施，从各个方面确保了本省禽蛋产业发展的科学、有序，有力推动了禽蛋养殖规范化、规模化发展。

从全国及江苏省的蛋鸡养殖规模分布情况（图4-8）中我们可以看到，江苏省蛋鸡养殖主要以中等规模（2000~49 999只）为主，该规模区间内所养殖的蛋鸡总量占全省蛋鸡养殖总量的66.32%，而相对应的占全国的比例仅为53.42%。统计数据显示，江苏省小规模养殖（1~1999只）的蛋鸡数量占全省的比例仅为28.72%，相比全国数据低12.21个百分点。在大规模养殖（50 000只及以上）方面，江苏省与全国的情况基本相当，蛋鸡养殖量分别占总量的5.33%和5.65%。综合以上分析，江苏省蛋鸡养殖的规模化进程要快于全国平均水平，在全国范围内处于领先地位。

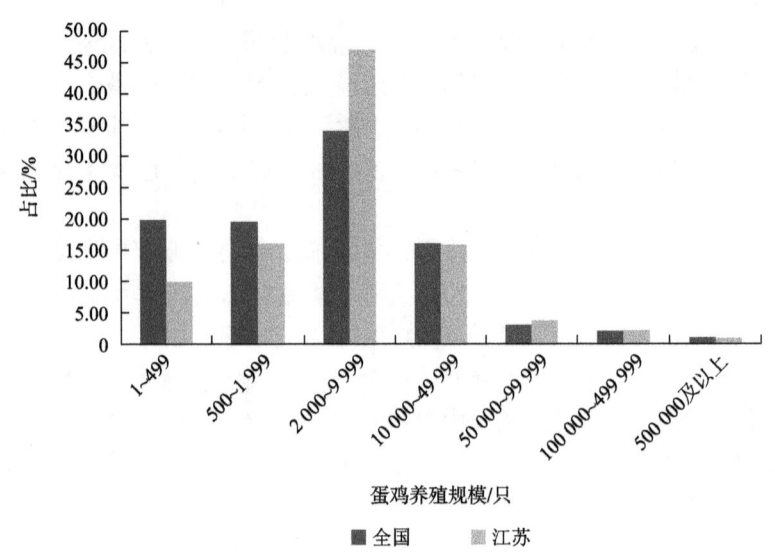

图 4-8 2008 年全国及江苏省蛋鸡养殖规模分布对比
资料来源：《中国畜牧统计年鉴 2009》

在鸡蛋的价格变动方面，已有的统计数据显示，2010 年，我国鸡蛋零售市场价格总体呈现较大幅度的波动上升趋势，全年鸡蛋市场平均价格高于前两年，禽蛋市场逐渐摆脱金融危机对其造成的影响。2011 年，在一系列因素的推动下，全国鸡蛋价格持续走高。图 4-9 显示，江苏省内鸡蛋的价格与全国的趋势基本相符。来自江苏省物价局的统计数据显示，自 2010 年 10 月以来，江苏省蛋类 CPI 持续高于 100%，2011 年 1 月开始持续在 115% 以上，2011 年 6 月甚至达到了 124.8%，江苏省蛋类价格上涨明显。

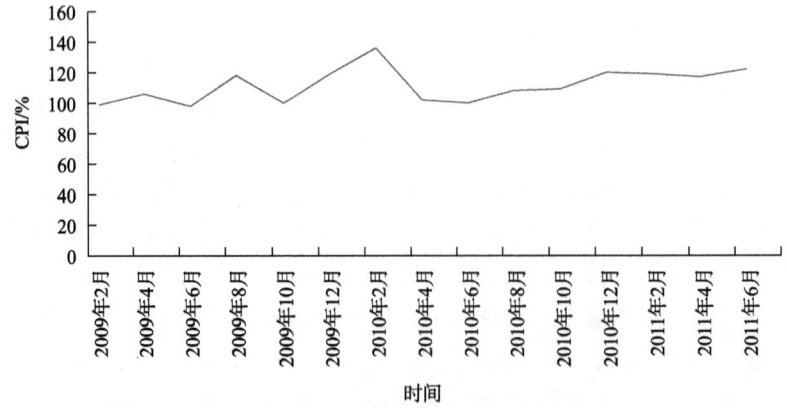

图 4-9 2009 年 2 月～2011 年 6 月江苏省蛋类 CPI
资料来源：江苏省物价局网站
以上年同期=100

在与全国数据的对比中可以看到,如图 4-10 所示,2011 年以来,江苏省蛋类价格基本在全国水平之上,5 月以来,这种差距不断拉大,6 月的蛋类 CPI 甚至比全国同期高出了 7.1 个百分点。这与以往我们认知的主产区价格一般低于全国水平的规律不符,其原因可能是江苏省同样是我国蛋类消费的大省,属于蛋类供需两旺型的市场。同时江苏省的物价水平普遍高于全国,诸多因素造成了江苏省蛋类价格持续高于全国水平的局面。

图 4-10　2011 年 1~6 月全国和江苏省蛋类 CPI
资料来源：国家统计局网站、江苏省物价局网站

综合以上分析,江苏省禽蛋的生产在全国占有重要的地位。2011 年以来江苏省禽蛋产量持续走高,生产规模集中在中等规模水平上,较之于全国水平稍高。在价格方面,江苏省蛋类的价格变动基本符合全国的大趋势,但是受到各方面因素的影响,其蛋类价格水平要高于全国平均水平。

第二节　江苏省鸡蛋消费者行为调研

鸡蛋是居民蛋白质摄入的重要来源,在人们的生活中扮演着重要角色。自 2011 年发展至今,我国蛋鸡的养殖仍然以小户（存栏量不足 1 万只）养殖为主,户数多,且较为分散,这给有关部门的管理带来了一定的困难。由于禽类疾病频频爆发,为更好预防和治疗疾病,蛋鸡在养殖过程中被摄入大量抗生素、食品添加剂等物质,而这些物质并不利于食品安全的保障。另外,为迎合市场上消费者对某些品种或特性（如蛋黄较红）的蛋类的过度偏好,更多地获取利益,一些不法养殖户故意在蛋鸡养殖的过程中添加不利于人体健康的物质，如苏丹红等。2013年开始出现"人造鸡蛋"事件，这使得我国鸡蛋生产领域食品安全问题日益突出。

在流通环节上，我国鸡蛋销售主要以内销为主，出口规模小。消费的主要是鲜蛋，另外有一部分为加工蛋。国内农户鲜蛋销售还主要依靠蛋贩子上门收购，由于蛋贩子过度注重价格，往往忽视鸡蛋质量。鸡蛋在流通环节没有被合理地冷冻、冷藏保存，所以由产区到销区市场，蛋品质量方面很难得到有力的保障。另外，如果遇到价格低潮期，养殖户还会盲目地大量存蛋，使蛋品质量进一步下降。因此我国鸡蛋的食品安全面临巨大挑战。

一、调查设计

本节参考了国内外有关消费者食品安全认知及食品安全消费者行为的相关实证研究成果。

（一）问卷设计

调查问卷内容涉及消费者个人基本资料，消费者对食品安全的认知，以及消费者鸡蛋购买行为三大部分。考虑到研究涉及消费者层次的广泛性，在问卷中大量采用选择题形式，便于城市居民回答，同时有利于对消费者的态度和行为进行测量。

（二）调查的实施

此次调查采用抽样调查方法，对调查对象进行随机抽查，以点带面，获得的信息具有代表性和可靠性，并且时间短、费用少。以江苏省鸡蛋消费者为研究对象，按各地级市的人口比例进行抽样，并且调查采取在不同消费地点，如农贸市场和超市进行随机抽样的方法。

首先，选取张家港市不同年龄、身份的市民进行预调查，判断问卷的合理性。其次，按调查样本进行全面调查。结合分层逐级抽样和随机抽样调查法，以居住在江苏省各个城市的鸡蛋消费者为调查对象，调查涉及南京市、扬州市、徐州市、淮安市、盐城市、泰州市、常州市、苏州市、无锡市、连云港市、南通市、宿迁市、镇江市共13个城市，包括不同性别、年龄、职业、教育程度、收入水平等的消费者。样本的层次性体现在省—城市—主城区，采用随机抽样调查法，保证样本的均匀性、代表性和可比性。调查共发放1100份问卷，其中有效问卷共990份，有效回收率为90%。

(三) 样本基本情况

样本中，男性为488人（49.29%），女性为502人（50.71%）。从性别结构来看，男女比例相当，女性购买人数多于男性。一般来说，女性在家庭食品消费中比男性拥有更多的支配权，对家庭成员的身体健康状况关心程度高于男性，女性更注重膳食结构的调整。

在年龄分布上，35~44岁的消费者最多，占25.25%。他们主要负责鸡蛋的购买，属于上有老下有小的人群，需要高频率、多数量地购买鸡蛋，同时该年龄阶段人群更注重饮食健康，相对中老年人，这一人群也更容易接受问卷调查，其他年龄段占比分别为18~24岁占9.70%，25~34岁占20.00%，45~54岁占10.10%，55~64岁占19.80%，65岁及以上占15.15%。

在受教育情况方面，初中及以下学历的消费者有190人（19.19%），高中、中专和大专学历的消费者有562人（56.77%），本科学历的消费者有228人（23.03%），具有研究生学历的消费者有10人（1.01%）。有效问卷中消费者受教育水平都较高。

在职业分布中，工人消费者占13.28%，管理人员占14.55%，教师、销售人员、私营业主、技术人员、企业家、公务员、司机和其他消费者依次占比为11.23%、10.31%、10.31%、10.08%、9.05%、9.05%、9.05%和3.09%。

在家庭规模中，家庭成员仅有1~2人的仅90人（9.90%），而绝大部分家庭是由3人及以上构成的，这说明调查家庭以2代人及3代人为主，即家庭中存在小孩或者老人，这部分人群同时对鸡蛋有不同偏好，我们的研究可以从这个方面进行。其中以4人及以上的家庭为主，这类人群有846人（85.46%），我们基于此具体探讨家庭中小孩与老人对鸡蛋消费者行为的影响。

在家庭规模的研究中我们将家庭规模更加具体化，以家中是否有退休老人和小孩为标准，可以具体探究家庭是否有老人和小孩对食品安全认知及购买行为会产生什么样的影响。调查中发现，743位（75.45%）调查者家庭中有老人，而同时812位（82.02%）调查者家庭中有小孩。

家庭年收入在5万~10万元的消费者有116人（11.72%），在10万~15万元的有498人（50.31%），在15万元及以上的有375人（37.88%）。本章实施的调查中，高收入的消费者较多，这部分消费者以有高收入为前提结合价格、品牌、质量等方面全面选择鸡蛋消费者行为。

居住在城市的受访者有908人（91.72%），而居住在农村的受访者有82人（8.28%）。调研以城市居民为主体，农村居民可以自给自足，并不影响样本的代表性。具体如表4-2所示。

表4-2　被调查者的基本特征

题项	选项	人数/人	有效百分比/%	题项	选项	人数/人	有效百分比/%
取样点	常州	58	5.86	性别	男	488	49.29
	淮安	61	6.16		女	502	50.71
	连云港	58	5.86	年龄/岁	18~24	96	9.70
	南京	99	10.00		25~34	198	20.00
	南通	92	9.29		35~44	250	25.25
	苏州	121	12.22		45~54	100	10.10
	泰州	60	6.06		55~64	196	19.80
	无锡	80	8.08		65及以上	150	15.15
	宿迁	58	5.86	教育	小学	69	6.97
	徐州	110	11.11		初中	121	12.22
	盐城	97	9.80		高中	102	10.30
	扬州	57	5.76		中专	229	23.13
	镇江	39	3.94		大专	231	23.33
现居住地	城市	908	91.72		本科	228	23.03
	农村	82	8.28		研究生	10	1.01
家庭规模/人	1	21	2.12	职业	工人	116	13.28
	2	69	6.97		司机	79	9.05
	3	54	5.45		技术人员	88	10.08
	4	274	27.68		教师	98	11.23
	5	217	21.92		销售人员	90	10.31
	6及以上	355	35.86		管理人员	127	14.55
家庭年收入/万元	(5, 10]	116	11.72		私营业主	90	10.31
	(10, 13]	166	16.77		企业家	79	9.05
	(13, 15]	332	33.54		公务员	79	9.05
	>15	375	37.88		其他	27	3.09
老人	有	743	75.45	小孩	有	812	82.02
	无	243	24.55		无	178	17.98

资料来源：根据调研结果整理所得

二、消费者鸡蛋安全认知情况

随着食品质量安全问题的不断升级，人们对食品安全认知越来越深刻。鸡蛋同样存在着质量安全问题。2010年5月美国数州爆发的沙门氏菌疫情，正是由多数病人食用鸡蛋后染病所致，而这些鸡蛋可能遭沙门氏菌污染，导致5.5亿枚鸡蛋被召回。2010年12月，德国同样由于鸡蛋陷入食品安全危机，在一次定期抽检中，德国食品安全管理人员在一些鸡蛋中发现超标的致癌物质二噁英，二噁英包括210种化合物,毒性十分大,是砒霜的900倍,有"世纪之毒"之称。虽然没有任何相关的食品安全事件发生,但引发德国全国不安。德国政府销毁大约10万枚鸡蛋。在中国同样存在鸡蛋食品安全问题,2008年11月香港特别行政区的有关部门检测出源自内地的鲜蛋中含有三聚氰胺,原因是饲料中添加了三聚氰胺,导致消费者信心再度受挫,鸡蛋滞销,养殖户、批发商受到连锁反应。

本节从消费者对鸡蛋食品安全问题的关注程度、认知程度及食品安全知识了解程度进行了调查,结果如下。

(一)对食品安全问题发生频率的感知

调查中,针对食品安全问题进行提问,针对大家所熟悉的食品安全问题,对听到的食品安全问题频率进行调查。如表4-3所示,所有的被调查者都听说过食品安全问题,48人(4.85%)表示偶尔听过食品安全问题发生,905人(91.41%)表示比较多听说过食品安全问题发生。食品安全问题在中国发生频率比较高,引起的后果比较严重,37人(3.74%)表示经常听说食品安全问题。食品安全问题关系千家万户的利益,对食品安全发生频率感知直接表明了食品安全问题发生的频率,对食品安全问题发生频率的感知直接影响了人们对食品安全的态度,进而决定人们的购买行为。

表4-3 消费者对食品安全问题的关注程度

关注程度	人数/人	有效百分比/%
从未听过	0	0.00
偶尔	48	4.85
比较多	905	91.41
经常听说	37	3.74

资料来源:根据调研结果整理所得

(二)对食品安全问题的关注程度

通过调查食品安全问题在消费者心中的记忆深度,以考察消费者对食品安全问题的关注程度。调查结果显示,所有人都听说过食品安全问题,但并不会给所有人都留下深刻印象。仅218人(22.02%)能记得食品安全问题发生的时间,而其余772人(77.98%)均不能回忆起发生食品安全问题的时间,如表4-4所示,不到1/4的被调查者对食品安全问题印象深刻,即只有不到1/4的人对食品安全问题的关注较为深刻,而其余消费者只是听说,并未形成深刻印象。

表4-4 消费者对食品安全问题的记忆情况

能否记得食品安全问题时间	人数/人	有效百分比/%
能	218	22.02
否	772	77.98

资料来源：根据调研结果整理所得

在218位能回忆起食品安全问题的消费者中，192人（88.07%）一周前刚刚听说过食品安全问题，24人（11.01%）两周前听说过食品安全问题，其余的人一月前听说过食品安全问题。由表4-5可知，几乎所有消费者都感知到食品安全问题就是近期发生的，这样的指标客观反映了消费者对食品安全问题较高的关注程度。

表4-5 消费者最能记得的食品安全事件的发生时间

时间	人数/人	有效百分比/%
一周前	192	88.07
两周前	24	11.01
一月前	2	0.92

资料来源：根据调研结果整理所得

（三）对鸡蛋安全问题的态度

调查者就消费者对现在鸡蛋安全问题的态度进行了调查，没有人认为鸡蛋安全问题非常严重，因为中国尚未出现严重的鸡蛋安全问题，同时媒体对鸡蛋安全方面的报道较少，但也没有人认为鸡蛋非常安全，因为现在食品安全问题越来越多，人们对食品安全了解不断深入，现在没有发现鸡蛋有安全问题，并不一定代表鸡蛋完全安全，因为一般质量问题只有在食品引起身体安全问题时才会被发现。如表4-6所示，16.67%的消费者认为鸡蛋安全问题较严重，大多数人对鸡蛋安全问题有信心，83.33%的消费者认为鸡蛋比较安全。消费者对鸡蛋安全问题的担心主要集中在蛋鸡养殖过程中的激素滥用和鸡蛋造假两大问题上，分别有71位（7.17%）和91位（9.19%）被调查对象对这两个问题表示担忧。

表4-6 消费者对鸡蛋安全问题的认知情况

认知情况	人数/人	有效百分比/%
非常严重	0	0
较严重	165	16.67
比较安全	825	83.33
非常安全	0	0.00

资料来源：根据调研结果整理所得

（四）对食品质量安全知识的了解程度

调查中，我们对消费者关于食品质量安全知识的了解程度进行了考察，首先我们考察消费者是否听说过绿色食品、有机食品、无公害食品，所有消费者都听说过其中一种或几种安全食品，然后我们要求被调查者将几种食品按照三种质量安全等级进行排序，对一个给1分，全部答对给3分，全部错误给0分。

表4-7显示，没有消费者能够回答对2个及以上问题，924位（93.33%）消费者得1分，而其余66位（6.67%）消费者竟然一分未得，由此，我们可以看出消费者对食品质量安全知识并不是很了解。

表4-7 消费者对食品质量安全知识的了解程度

食品质量安全知识得分	人数/人	有效百分比/%
0	66	6.67
1	924	93.33
2	0	0
3	0	0

资料来源：根据调研结果整理所得

具体到每一个环节，我们可以发现消费者对食品质量安全知识不够了解的原因。由表4-8可见，有957位（96.67%）消费者认为食品质量最高的是无公害食品，33位（3.33%）消费者认为食品质量最高的是绿色食品，而三类食品中质量最高的其实是有机食品，但是没有一个人选择有机食品，可以看出有机食品不被大家所了解，而且很多消费者会根据字面意思进行理解，进行选择。相反的是，在质量最低的安全食品这一栏里，891位（90.00%）消费者认为有机食品质量最低，与事实恰恰相反。可见我们应该对有机食品的含义进行宣传，排除大家的误解。在质量最低的食品选择中，66位（6.67%）消费者选择绿色食品，仅有33位（3.33%）消费者选择了正确答案——无公害食品，具体如表4-9所示。消费者在购买安全食品时，其实对其中含义并不理解。对于质量中间的食品选择，有891位（90.00%）消费者的选择是绿色食品，见表4-10。总体来说，消费者对安全食品的知识掌握不够，不能判断绿色食品、有机食品、无公害食品的优劣，这对他们在食品安全环境下的鸡蛋购买行为产生了一定的影响。

表4-8 消费者认为质量最高的食品名称

质量最高的食品名称	人数/人	有效百分比/%
绿色食品	33	3.33
有机食品	0	0.00
无公害食品	957	96.67

资料来源：根据调研结果整理所得

表4-9　消费者认为质量最低的食品名称

质量最低的食品名称	人数/人	有效百分比/%
绿色食品	66	6.67
有机食品	891	90.00
无公害食品	33	3.33

资料来源：根据调研结果整理所得

表4-10　消费者认为质量中间的食品名称

质量中间的食品名称	人数/人	有效百分比/%
绿色食品	891	90.00
有机食品	99	10.00
无公害食品	0	0.00

资料来源：根据调研结果整理所得

（五）消费者对鸡蛋安全风险的感知

食品安全事件的频频爆发，使得公众对我国食品安全的信心整体处在较低的水平，但调查却显示大家对鸡蛋的安全性有着较高的信心。83.38%的消费者认为鸡蛋是比较令人放心的，只有16.62%的被调查对象表现出一定的担忧，认为鸡蛋同样存在较为严重的食品安全问题，而这16.62%的人群所担心的主要集中在蛋鸡养殖过程中的激素滥用和鸡蛋造假两大问题上，如图4-11所示，分别有43.37%和55.42%的被调查对象对这两个问题表示出担忧。

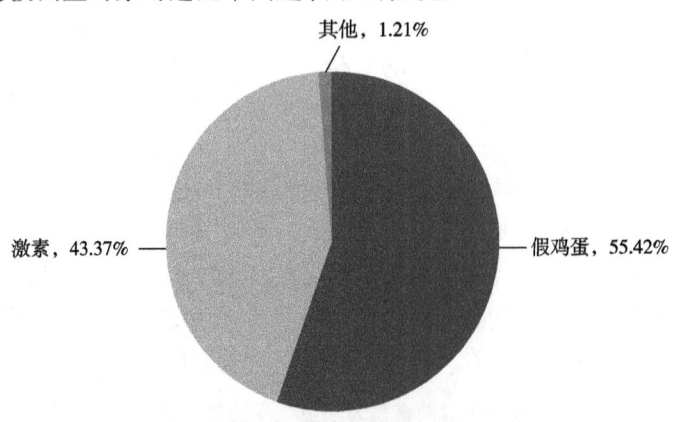

图4-11　消费者所担忧的鸡蛋安全问题
资料来源：根据调研结果整理所得

三、消费者鸡蛋消费者行为研究

（一）鸡蛋消费数量及主要食用者

调查发现，家庭平均每天消费鸡蛋的数量在 2~3 个，如表 4-11 所示，83.34%的被调查对象的家庭日均鸡蛋消费量集中在这个区间内，其质量安全直接影响了众多消费者的利益。因此，基于食品安全对鸡蛋消费者行为进行研究具有重要意义。具体如表 4-11 所示。每个家庭平均每天消费鸡蛋的数量为 3 个的人数为 522人（52.73%），消费量平均数为 2.84 个，标准差为 0.83。

表4-11 消费者的家庭平均每天消费的鸡蛋数量

家庭日均鸡蛋消费量/个	人数/人	有效百分比/%
1	25	2.53
2	303	30.61
3	522	52.73
4	93	9.39
5	43	4.34
6	4	0.40

资料来源：根据调研结果整理所得

通过对家庭成员的鸡蛋主要食用情况进行评分，按 1~5 分的评分标准，以确定鸡蛋的主要消费对象。如表 4-12 所示，最主要食用者是孩子的得分为 3.98，标准差最小，为 0.13。这是因为孩子正处在发育期，需要营养，而老人的身体状况不允许其多吃鸡蛋，鸡蛋有大量胆固醇，可能导致血脂升高，引发冠心病，所以老人不是鸡蛋的主要食用者，评分较低。购买者自己的群体的评分仅低于孩子，他们大多为中青年。所以鸡蛋的营销对象应以孩子及中青年群体为主。

表4-12 家庭成员中不同角色的鸡蛋主要食用情况评分

主要食用者	平均分	标准差
购买者自己	2.92	0.32
配偶	2.90	0.32
孩子	3.98	0.13
老人	2.00	0.15
其他	1.99	0.25

资料来源：根据调研结果整理所得

（二）鸡蛋消费价格

对消费者通常选择购买的鸡蛋的价格范围进行了调查，调查发现，消费者鸡蛋购买的价格越低，消费量越高，价格高的鸡蛋鲜有消费者购买，这符合需求理论。如表4-13所示，69.39%的消费者选择价格最低的鸡蛋，价格小于等于5元/斤。依次是18.89%的消费者选择价格区间位于5~8元/斤的鸡蛋；8.99%的消费者选择8~10元/斤的鸡蛋；2.12%的消费者选择10~12元/斤的鸡蛋；0.61%的消费者选择大于12元/斤价格购买鸡蛋。可见消费者偏好价格低的鸡蛋，高价区间的鸡蛋并不在普通消费者考虑的范围内。

表4-13 消费者通常购买的鸡蛋的价格

鸡蛋价格/（元/斤）	人数/人	有效百分比/%
≤5	687	69.39
(5, 8]	187	18.89
(8, 10]	89	8.99
(10, 12]	21	2.12
>12	6	0.61

资料来源：根据调研结果整理所得

本节通过对价格和消费者购买意愿的变化进行调查，对鸡蛋价格变动如何影响消费者购买行为进行研究。如表4-14所示，价格越低需求越大，价格越高需求越小。标准差价格在中间时即在3.5~4.5元时标准差最小，而价格特别低或者价格特别高的标准差越大，因为3.5~4.5元/斤是鸡蛋合理的价格范围，所以大家购买量差异不大；而鸡蛋降价降到2.5元/斤时，对价格敏感或者以价格为主要影响其购买因素的消费者会加大对鸡蛋的购买，而另一些对价格不敏感或者对低价鸡蛋质量持怀疑态度的消费者并不会增加购买量，所以标准差较大；同理可得，当鸡蛋价格上涨到7元/斤时，对价格敏感的消费者会大量减少对鸡蛋的购买，而只注重鸡蛋营养而不关注鸡蛋价格的消费者会继续购买，所以标准差较大。

表4-14 消费者购买鸡蛋时的价格偏好

鸡蛋价格/（元/斤）	需求平均	标准差
2.5	4.88	0.93
3	4.35	0.56
3.5	4.00	0.21
4	3.62	0.38
4.5	2.87	0.34
5	2.56	0.50
5.5	2.18	0.39
6	1.95	0.51
6.5	1.67	0.52
7	1.46	0.58

资料来源：根据调研结果整理所得

如表4-15和表4-16所示，为了进一步探寻价格与需求之间的深层联系，假设价格与总需求的对数呈线性关系,则价格与消费者平均需求的对数呈线性关系。将价格与需求的对数通过 SPSS 17 进行线性回归模型分析可以得出需求与价格的一个简单函数: $Ln\ Q = 2.321-0.277P$ (调整 R^2 为 0.993,价格 t 值大于 2,模型 99% 置信区间显著);也就是说,价格增长 1 块钱,鸡蛋需求量减少 27.7%。可以看出消费者购买鸡蛋时对价格极其敏感,在对消费者调查中发现,消费者并没有主要关注鸡蛋的价格,因为一般来说,超市或农贸市场的鸡蛋价格相差不大,所以消费者会更关注鸡蛋的营养因素。而当价格真的发生变化时,消费者购买行为会发生显著变化。现在一般鸡蛋价格在 4~4.5 元/斤,而经过质量认证的绿色鸡蛋价格在 7 元/斤左右甚至更高,所以具有质量认证鸡蛋的需求会大量减少,并非普通消费者都会选择购买。

表4-15 模型误差

模型	相关系数 R	可决系数 R^2	调整 R^2	标准估计的误差
1	0.997[a]	0.994	0.993	0.034 75

资料来源:根据调研结果整理所得
注:测变量为常量,价格;0.997[a] 表示调整后的 R 为 0.997

表4-16 模型系数

模型		非标准化系数		标准系数		
		标准系数	标准误差	试用版	t 值	显著性
1	常量	2.321	0.038		61.129	0.000
	价格	-0.277	0.008	-0.997	-36.174	0.000

资料来源:根据调研结果整理所得
注:因变量为需求对数

(三)鸡蛋购买偏好

对消费者在选择鸡蛋时的主要参照标准进行了考察,由此可以判断消费者的食品安全认知。在调查中,营养价值以满分 6.00 成为消费者第一考虑的因素,几乎 100% 的消费者都打了满分,方差为 0.03,说明消费者对营养判断差异极小,因而营养无法进入自变量。而散养这一因素成为消费者购买鸡蛋时考虑的第二因素,得分 5.90,方差 0.35,散养鸡在自然环境中生长,吃的也都是天然食物,产出的鸡蛋品质自然会好一些,产出的鸡蛋又叫土鸡蛋、草鸡蛋等。是否散养成为了判断鸡蛋是否有营养,是否安全的重要依据,消费者购买鸡蛋时,对散养这一特点考虑较多。鸡蛋品种、色泽分别以 5.13、5.07 位列第三、第四位,而品种可以体现鸡蛋营养,色泽最主要可以看出鸡蛋新鲜程度从而确保鸡蛋的安全。价格以 4.94 分排第五,价格毫无疑问是消费者购买时必须考虑的因素,但是价格并不是购买鸡蛋时最重要的考虑因素，营养价值与质量安全更加重要。品牌与服务分别是购买时考虑的第六、七位因素，得分为 4.30、4.11，表明消费者购买鸡蛋时会对鸡蛋品牌和服务进行考虑，但不是最重要的因素。而鸡蛋包装，大小，颜色也并不是消费者主要考虑的因素。详见表 4-17。

表4-17 消费者购买鸡蛋时所考虑的因素

考虑的因素	平均分	标准差
包装	1.07	0.31
大小	2.27	0.94
色泽	5.07	0.27
价格	4.94	0.27
服务	4.11	0.41
品牌	4.30	0.59
营养	6.00	0.03
颜色	2.31	0.67
品种	5.13	0.37
散养	5.90	0.35

资料来源：根据调研结果整理所得

消费者对鸡蛋品种了解程度的调查结果显示，93.94%的消费者了解鸡蛋品种，他们熟知土鸡蛋、草鸡蛋、绿壳蛋、洋鸡蛋等品种，而仅 6.06%的消费者对鸡蛋品种不熟悉。详见表 4-18。调查得知，对鸡蛋品种较熟悉的消费者可以根据鸡蛋品种做出合理的鸡蛋购买行为。

表4-18 消费者对鸡蛋品种的了解情况

了解情况	人数/人	有效百分比/%
了解	930	93.94
不了解	60	6.06

资料来源：根据调研结果整理所得

鸡蛋壳常见的颜色有白壳、粉壳、褐壳、绿壳四种。前三种鸡蛋营养价值差别不大，而绿壳鸡蛋营养价值最高，绿壳鸡蛋，其蛋壳绿色，属纯天然，蛋白浓厚，蛋黄呈橘黄色，含有大量的卵磷脂、维生素 A、B、E，属于高维生素、高微量元素、高氨基酸、低胆固醇、低脂肪的理想天然保健食品。经常食用能增强免疫功能、降低血压、软化血管。1996 年 8 月被国家专利局受理为发明专利，同年 10 月被国家绿色食品发展中心批准为绿色食品，1998 年被国家卫生部批准为保健食品，被著名营养学家于若木誉为"神蛋"。而调查中发现大家对绿壳鸡蛋并不了解。其中，绿壳鸡蛋消费者仅 88 人（8.89%），这些人群主要注重鸡蛋的高营养，是高端消费者。而常见的粉壳、褐壳鸡蛋消费者众多，然而消费者对鸡蛋蛋壳颜色意义理解不深，对颜色选择随机性较大，如表 4-19 所示。

表4-19 消费者对鸡蛋蛋壳颜色的偏好

蛋壳颜色	人数/人	有效百分比/%
白壳鸡蛋	32	3.23
粉壳鸡蛋	434	43.84
褐壳鸡蛋	436	44.04
绿壳鸡蛋	88	8.89

资料来源：根据调研结果整理所得

在鸡蛋品种方面，调查发现消费者经常食用普通鸡蛋、草鸡蛋、营养鸡蛋，在调查问卷中以打分形式给各种鸡蛋经常食用的程度进行打分，结果如表4-20所示。其中，草鸡蛋消费者经常食用频率最高，得分3.98分。草鸡蛋又叫柴鸡蛋，是散养的自由取食母鸡下的蛋，而非饲料养的鸡下的蛋，蛋中产生的风味物质自然比较丰富。草鸡蛋因其营养丰富、安全性高受到大家喜欢，也是大家经常选择的食用品种。其次是普通鸡蛋，即鸡场中饲料养的鸡所下的蛋，得分2.99分。普通鸡蛋由于规模效应，价格低，消费量大，也是大家经常选择食用的鸡蛋。顾名思义，营养鸡蛋是富有高营养的鸡蛋，此类鸡蛋由于价格较高，大家并不经常食用。

表4-20 消费者经常食用的鸡蛋品种的不同程度

鸡蛋品种	平均分	标准差
普通鸡蛋	2.99	0.12
草鸡蛋	3.98	0.16
营养鸡蛋	2.03	0.21
其他鸡蛋	1.02	0.20

资料来源：根据调研结果整理所得

（四）购买途径偏好

消费者选择购买地点时的参考因素主要包括价格合理、质量安全和就近方便三个方面。如表4-21所示，46.57%的消费者选择鸡蛋消费时最主要考虑的因素是质量安全。其次是就近方便，有387人（39.09%），可见消费者选择鸡蛋消费时，对是在农贸市场还是在超市购买的选择差异其实不大，只要就近方便即可，消费地点随机性较大。而关注鸡蛋价格是否合理的消费者只有135人（13.63%），由于鸡蛋价格并不高，或者几个地点价格差异不大，购买时关注鸡蛋价格的消费者并不多，由此可见，在鸡蛋购买中，鸡蛋质量安全比价格更受消费者重视。

表4-21　影响消费者选择鸡蛋购买地点的因素

影响因素	人数/人	有效百分比/%
价格合理	135	13.63
质量安全	461	46.57
就近方便	387	39.09
其他	7	0.71

资料来源：根据调研结果整理所得

实际购买途径的调查结果显示，样本中鸡蛋消费者主要选择在超市或者农贸市场购买鸡蛋，因为质量可以得到一定保障。超市及农贸市场由于其营业场所的固定性，促使其为了声誉而保障食品安全，一般在超市或者农贸市场购买鸡蛋质量较为安全，而超市将鸡蛋统一标准，有效进行质量监控，鸡蛋作为标准化产品质量有保证；而农贸市场通常包给个人，所以鸡蛋质量参差不齐，相对于超市而言风险较大。在农贸市场购买鸡蛋的消费者多达464人（46.87%），其主要原因是价格相对便宜、实惠，而主要在超市购买鸡蛋的消费者达457人（46.16%），与在农贸市场购买鸡蛋的人数不相上下，在超市购买鸡蛋越来越成为一种趋势。在流动摊贩、路边市场及其他地方购买鸡蛋的共69人（6.97%）。这些鸡蛋销售渠道较为低端，以农户自行销售为主，此类地点销售鸡蛋与前两种相比，缺少有效的质量监督保障系统，鸡蛋质量安全风险较大。详见表4-22。

表4-22　消费者选择购买鸡蛋的地点

购买地点	人数/人	有效百分比/%
超市	457	46.16
农贸市场	464	46.87
流动摊贩	34	3.43
路边市场	24	2.43
其他	11	1.11

资料来源：根据调研结果整理所得

本章实施的调查还针对直销这一销售方式进行了专门研究。如表4-23所示，893人（90.20%）愿意接受专卖店这类直接销售方式，97人（9.80%）不愿意接受。愿意接受直接销售的原因以便宜和品质有保证为主，而不愿意接受直接销售的人群主要是对直接销售不了解，认为直销产品不便宜、不新鲜、购买不方便等。相对于传统销售方式而言，直接销售成本上升所带来的价格增长是毋庸置疑的，即鸡蛋直接销售并不便宜。因此，大多数因为看重其便宜的特点而选择直销的想法是错误的，如果鸡蛋以直销渠道进入市场，很多愿意选择直销的人会放弃这一选择回到传统销售渠道中去。然而，调查数据也存在偏差，并不能完全真实地反映消费者的选择。直接销售真正的优势在于品牌优势，保证鸡蛋的新鲜与质量，降低了食品安全风险。以鸡蛋专卖店为主要形式。正值食品安全消费升级的今天消费者不仅关心鸡蛋的价格更关心鸡蛋的质量安全，直接销售模式拥有更大的前景，不过直接销售渠道推广效果究竟如何还是不能断定，必须交给市场去检验。

表4-23 消费者是否接受鸡蛋直接销售模式

是否接受	人数/人	有效百分比/%
接受	893	90.20
不接受	97	9.80

资料来源：根据调研结果整理所得

（五）促销偏好

对消费者获取鸡蛋促销广告的来源进行了调查，由表4-24可见，大多数获取鸡蛋促销广告的来源是报纸与互联网，其中92.62%的消费者选择报纸，90.81%选择互联网获取鸡蛋促销广告消息。消费者很少通过邮件、广播、电视来获取鸡蛋促销广告消息。

表4-24 消费者获取鸡蛋促销广告的来源

获取来源	人数/人	有效百分比/%
报纸	917	92.62
邮件	139	14.04
广播	30	3.03
电视	21	2.12
互联网	899	90.81

资料来源：根据调研结果整理所得

在品牌偏好方面，调查结果（表4-25）显示，766位（77.37%）被调查者对鸡蛋品牌没有偏好，并表示不一定要购买品牌鸡蛋，约1/4即224位（22.63%）消费者表示对购买有品牌的鸡蛋有较强倾向。如表4-26所示，在这些有品牌消费倾向的消费者中，有206人（91.96%）表示尽管会购买品牌鸡蛋，但不会限定只购买某一品牌的鸡蛋。由此可见，消费者鸡蛋消费的品牌意识不强烈，品牌忠诚度仍有待提高。

表4-25 消费者是否有对鸡蛋品牌的偏好

是否有品牌偏好	人数/人	有效百分比/%
否	766	77.37
是	224	22.63

资料来源：根据调研结果整理所得

表4-26　消费者对鸡蛋固定品牌的偏好

是否有对固定品牌的偏好	人数/人	有效百分比/%
否	206	91.96
是	18	8.04

资料来源：根据调研结果整理所得

对消费者消费时的鸡蛋包装进行了调查，由表4-27可以看出，在鸡蛋的包装量上，消费者购买鸡蛋时包装方式仍然以传统的散装方式为主，占总样本的75.35%，因为这种散装方式成本较低。在非散装的包装方式中，30枚的包装量是消费者最为认可的，有151位（15.25%）消费者表示非常喜欢这样的包装方式。但是随着包装量的增大，消费者认可度急剧下降，没有人愿意购买每份60枚及以上的鸡蛋包装。具体如表4-27所示。

表4-27　消费者对鸡蛋包装数量偏好

偏好的包装数量/枚	人数/人	有效百分比/%
散装	746	75.35
10	61	6.16
20	32	3.24
30	151	15.25
60	0	0.00

资料来源：根据调研结果整理所得

针对消费者对鸡蛋包装材料的偏好进行了调查，调查发现，硬纸盒包装是消费者最为偏好的包装方式，有497位（50.20%）消费者选择这一种传统包装方式，这一方式可以包装较多数量的鸡蛋，鸡蛋不易碎，较为常见，得到大家偏好。仅次于硬纸盒包装方式的是塑料袋的包装，有315位（31.82%）消费者选择该包装方式，而该包装方式适合散装鸡蛋，并且塑料袋极常见、成本低，适用于购买少量鸡蛋的消费者进行包装。而网袋包装，筐、篮包装和礼盒包装三种材料的认可度分别为3.30%、5.15%和8.89%。详见表4-28。调查结果说明，硬纸盒包装及塑料袋包装是鸡蛋主要包装方式，受到消费者偏好。这与前文散装形成鲜明对比，说明消费者偏好纸盒包装，但是由于价格限制，现实中多采用塑料袋包装这一常规包装方式。

表4-28　消费者对鸡蛋包装材料的偏好

偏好的鸡蛋包装材料	人数/人	有效百分比/%
硬纸盒	497	50.20
塑料袋	315	31.82
礼盒	88	8.89
筐、篮	51	5.15
网袋	39	3.30

资料来源：根据调研结果整理所得

(六) 鸡蛋出现食品安全问题处理方法

对消费者购买鸡蛋存在食品质量问题的处理方法进行了调查。由表4-29可知，几乎100%的消费者给"下次仔细选择"这一选项打了满分，标准差为0.05。也就是说，几乎全部的消费者在鸡蛋出现食品安全问题后选择下次购买时会更仔细，同时也说明购买经验对质量安全认知有重要影响，即食品安全认知影响着购买行为。而"换品牌"的选项排在第二，得分为5.98，接近满分，标准差为0.17，这说明食品安全认知会影响品牌鸡蛋的购买行为。"退货""换一家店"分别以5.12、4.68分排在第三、四位，消费者遇到食品安全问题时会采取退货和换一家店方式减少损失，降低下次购买风险。而扔掉得分是2.64，结果表示虽然鸡蛋的食品质量有问题，但大多数消费者不会采用扔掉方式处理。而"买更贵的"得分仅1.26，可见几乎所有人都不同意通过买贵的鸡蛋来解决食品安全问题，大多数消费者认为价格和食品安全并没有直接关系，买贵的并不能减少食品安全问题，或者消费者更愿意在相同的价格上解决食品安全问题。

表4-29 消费者对问题鸡蛋的处理办法

处理办法	平均分	标准差
扔掉	2.64	0.80
退货	5.12	0.53
换一家店	4.68	0.53
换品牌	5.98	0.17
买更贵的	1.26	0.52
下次仔细选择	6.00	0.05

资料来源：根据调研结果整理所得

通过对江苏省消费者抽样调查，对消费者的鸡蛋消费者行为进行了详细分析。在食品安全问题日益突出的今天，广大消费者对食品安全问题表现出了较高的关注度，但调查结果显示，消费者对食品安全的认知程度并不高。在鸡蛋的消费者行为方面，消费者对鸡蛋的食品安全风险感知并不强烈，只有16.62%的被调对象表现出了一定的担忧，其所担心的主要集中在蛋鸡养殖过程中的激素滥用和鸡蛋造假两大问题上。

在消费量方面，83.34%的被调查对象家庭日均消费量在2~3个的区间内，平均到每人每天的鸡蛋消费量不足1个，鸡蛋的消费量有待提高。在鸡蛋的颜色方面，消费者更偏好传统的褐色鸡蛋和粉色鸡蛋；在品种方面，传统鸡蛋和草鸡蛋仍然是鸡蛋行业的主力军。在价格方面，5元/斤及以下的廉价鸡蛋是最受欢迎的价格区间。在鸡蛋的包装量上，75.35%的消费者最青睐散装这种方式。在包装材料方面,塑料袋包装、塑料盒包装和礼品包装是最受消费者欢迎的包装方式。在购买途径上,我们可以看到农贸市场仍然是消费者购买鸡蛋最主要的途径,其次是超市或专卖店。

四、鸡蛋食品安全认知的影响因素分析

(一)计量经济模型的建立和变量说明

为了对影响鸡蛋食品安全认知影响因素的作用程度及显著性进行实证分析。依据 Nelson 和 Phillip(1970)对搜寻品、经验品和信任品之间的定义和划分,根据这个定义,鸡蛋既拥有搜寻品特征,又拥有经验品特征,可以通过在购买前根据你对鸡蛋颜色、品种、质量认知信息等特点判断获取部分质量信息,从而影响消费者购买决策。然而这样的购买决策存在未知风险,也只有在购买使用后,才能完全清楚鸡蛋的质量信息,所以鸡蛋也属于经验品,以往的购买经验会对消费者食品安全认知造成影响,从而对消费者购买行为产生影响。

本章的研究将消费者食品安全认知的影响因素分为个人特征、产品特征和购买经验,消费者在购买前将根据产品特征进行质量判断,并根据购买经验形成食品安全认知从而影响购买行为。

1. 产品特征相关因素

产品的特性与消费者感知到的产品特性有所差异,而对消费者决策起作用的是消费者所感知的产品特性。因此在问卷中设计了消费者对各项产品特性(包括鸡蛋包装、色泽、价格、品牌等)重要性的感知程度。

2. 个人特征因素

在模型中对消费者的性别、年龄、家庭年收入、教育、家庭结构,以及对安全认知等相关变量测量。

3. 购买经验

此处使用购买频率来表达城市居民购买经验多少,主要基于重复购买是消费者经验累积的重要来源,购买频率在一定程度上反映消费者购买经验多少,购买频率越高则说明购买经验越多,而购买频率越低则说明购买经验较少。

根据前面的假设,根据消费者认知与消费者行为理论,建立影响消费者鸡蛋食品安全认知的主要因素:产品特征(C)、个人特征(P)、购买经验(E),模型

用以下函数形式表示：

$$R_i=f(C_i, P_i, E_i, e_i)$$

其中，R_i 表示第 i 个消费者对鸡蛋食品安全的认知；e 表示其他因素对消费者鸡蛋食品安全认知的影响，即为随机扰动项。

建立二项 Logisitic 回归模型进行计量实证分析，对相关影响因素进行非线性回归分析，具体模型可以表达为

$$\text{Ln}(p_i/1-p_i) = B_0 \sum_{k=1}^{k} b_k C_{ik} + \sum_{j=1}^{j} c_j P_{ij} + \sum_{n=1}^{n} d_n E_{in} + e_i$$

其中，$p_i=p(Y_i=1)$，$Y_i=1$ 表示认为鸡蛋食品安全问题严重；$Y_i=0$ 表示认为鸡蛋食品安全问题不严重。模型各因素选取变量及其统计数据如表4-30所示。

表4-30 食品安全认知因变量及自变量变量名及赋值方法

变量名	赋值方法
安全认知	不严重=0，严重=1
购买经验	平均每天购买量
质量关注	对食品质量安全关注程度：低=0，高=1
性别	男=1，女=2
年龄	18～24岁为1，25～34岁为2，35～44岁为3，45～54岁为4，55～64岁为5，65岁及以上为6
家庭年收入	≤3万元=1　（3万元，5万元]=2　[6万元，9万元]=3　[10万元，12万元]=4　[13万元，15万元]=5　≥16万元=6
教育	小学=1　初中=2　高中=3　中专=4　大专=5　本科=6　研究生=7
老人	家庭是否有老人：否=0，有=1
小孩	家庭是否有小孩：否=0，有=1
包装	消费者对包装重要性评价：根本不重要（1）～非常重要（6）
色泽	消费者对色泽重要性评价：根本不重要（1）～非常重要（6）
价格	消费者对价格重要性评价：根本不重要（1）～非常重要（6）
品牌	消费者对品牌重要性评价：根本不重要（1）～非常重要（6）
颜色	消费者对颜色重要性评价：根本不重要（1）～非常重要（6）
品种	消费者对品种重要性评价：根本不重要（1）～非常重要（6）
散养	消费者对散养重要性评价：根本不重要（1）～非常重要（6）

（二）实证结果分析

通过对990个消费者样本回归分析得到家庭中是否有老人在95%置信区间显著，而购买经验、对价格评价重要程度及对鸡是否散养评价的重要程度在90%置信区间显著。由表4-31可以得出以下四条结论，具体如下。

第一，购买经验对鸡蛋食品安全认知在90%置信区间上显著，而且购买经验系数为正，这表明平均每天购买量越大，消费者对鸡蛋食品质量安全问题感觉越

严重。购买频率越多、购买量越大、购买经验越多对鸡蛋质量安全感知越深刻。而经验越多则感知问题越严重，表明经过反复购买会发现更多质量安全问题，同时会在下次选择时更加仔细。

第二，家庭是否有老人对鸡蛋食品安全认知在95%置信区间上显著，食品质量安全认知受个体家庭特征影响。老人系数为正，这说明家庭有老人对鸡蛋食品安全认知感觉更严重。而我们以家庭规模做自变量对鸡蛋食品安全认知并不显著，然而我们将家庭规模转化为家庭中是否有老人及家庭是否有小孩，而老人这一自变量对模型显著。说明家庭有老人，会感知食品质量安全问题严重。一方面由于老人对食品安全有较高要求，对食品安全更加关注，注重食品质量；另一方面老人具有较高购买经验，具有关于食品安全方面的知识，善于发现质量不合格的鸡蛋，了解应该怎么选择合格的鸡蛋，从而降低食品安全风险。

表4-31 方程回归结果

名称	分类	偏回归系数（B）	标准误差（S.E）	Wals	自由度（df）	显著性（sig）	(B)的指数
步骤1	购买经验	0.141	0.101	2.954	1	0.086	1.151
	质量关注	0.098	0.211	0.216	1	0.642	1.103
	性别	0.003	0.173	0.000	1	0.987	1.003
	年龄	−0.007	0.082	0.007	1	0.932	0.993
	家庭年收入	−0.050	0.085	0.341	1	0.559	0.952
	教育	0.019	0.084	0.050	1	0.823	1.019
	老人	0.348	0.225	4.621	1	0.032	1.416
	小孩	0.100	0.244	0.167	1	0.682	1.105
	包装	−0.047	0.277	0.028	1	0.866	0.954
	色泽	−0.057	0.325	0.031	1	0.860	0.944
	价格	−0.375	0.296	3.101	1	0.078	0.687
	品牌	0.154	0.139	1.243	1	0.265	1.167
	颜色	−0.121	0.136	0.787	1	0.375	0.886
	品种	0.079	0.230	0.118	1	0.731	1.082
	散养	0.442	0.316	2.976	1	0.084	1.555
	常量	−3.574	3.335	1.149	1	0.284	0.028

资料来源：根据调研结果整理所得

注：在步骤1中输入的变量有购买经验、质量关注、性别、年龄、家庭年收入、教育、老人、小孩、包装、色泽、价格、品牌、颜色、品种、散养。

第三，消费者对鸡蛋价格的关注程度和对鸡蛋食品质量安全的认知在90%置信区间上显著，这表明消费者对产品特征感知与食品安全认知相关。价格系数为负，这说明购买时认为价格非常不重要的消费者认为食品质量安全问题较严重，而购买时认为价格非常重要的消费者认为鸡蛋食品质量安全问题不严重,符合正常逻辑。对价格感觉非常重要,对价格关注程度高,自然容易忽略产品的质量安全;有些消费者认知到食品安全问题的重要性,所以在选择时会考虑较多的安全因素。品牌并不显著,原因可能是对品牌评价影响的认知,也可能是认知高低因素影响消费者购买品牌鸡蛋。

第四,消费者对鸡蛋是否散养关注程度与对鸡蛋食品安全的认知在90%显著区间上显著,表明消费者对产品特征感知与食品安全认知相关。散养系数为正,这表明越是认为散养鸡蛋重要的消费者越会认为鸡蛋食品质量安全问题严重,反之,会忽略食品质量安全问题。对鸡是否散养关注越多,就表明对食品安全问题越关注,能发现更多的食品安全问题。对鸡是否散养不关注的,则对食品安全不够关注,自然不能发现食品安全存在的问题。

五、基于食品安全视角消费者购买品牌鸡蛋影响因素分析

(一) 计量经济模型的建立和变量说明

由食品安全认知的影响因素来分析可以发现,对食品质量安全的认知直接影响着消费者的购买行为,而食品安全认知对鸡蛋购买行为造成怎样的影响并不知道。一般来说,认为食品安全问题严重,在食品消费时会更加谨慎,以品牌鸡蛋作为研究对象,分析食品安全认知对品牌鸡蛋购买行为造成怎样的影响。

将消费者食品安全认知影响因素分为产品特征、个人特征、食品安全认知三点。消费者在购买前根据产品特征进行判断,并根据以往的购买经验形成食品安全认知从而影响购买行为。这里将消费者实际消费数据作为研究数据。

1. *产品特征因素*

产品的特性主要是消费者感知到的产品特性,即消费者对产品的认知,这里的产品特征主要包括是否选择品牌鸡蛋、是否购买散养鸡的鸡蛋、购买鸡蛋时包装如何及购买鸡蛋的价位等。

2. *个人特征因素*

模型中对消费者年龄、性别、受教育程度、家庭结构、收入水平等变量进行测量。

3. 食品安全认知

此处使用调查问卷中收集到的关于消费者对鸡蛋食品安全问题严重与否的评价作为他们对鸡蛋食品安全的认知，直接影响他们鸡蛋消费者行为，一般认为鸡蛋安全问题严重，消费者会更加慎重，更多考虑品牌鸡蛋的消费，这也是模型主要验证的内容。

根据前面的假设，根据消费者认知与消费者行为理论，建立影响消费者鸡蛋食品安全认知的主要因素：产品特征（C）、个人特征（P）、食品安全认知（R），模型用以下函数形式表示：

$$B_i = f(C_i, P_i, R_i, e_i)$$

其中，B_i 表示第 i 个消费者是否购买品牌鸡蛋消费者行为；e 表示其他影响因素，即为随机扰动项。

$$\mathrm{Ln}(p_i/1-p_i) = B_0 \sum_{k=1}^{k} b_k C_{ik} + \sum_{j=1}^{j} c_j P_{ij} + \sum_{m=1}^{m} d_m E_{im} + e_i$$

其中，$p_i = p(Y_i = 1)$，$Y_i = 1$ 表示购买品牌鸡蛋；$Y_i = 0$ 表示不购买品牌鸡蛋。模型各因素选取变量及其统计数据如表 4-32 所示。

表4-32　品牌鸡蛋消费者行为因变量、自变量的变量名赋值方法

变量名	赋值方法
品牌购买	是否购买品牌鸡蛋：否=0，是=1
安全认知	不严重=0，严重=1
购买经验	平均每天购买量
质量关注	对食品质量安全关注程度：低为0，高为1
性别	男=1，女=2
年龄	18～24岁=1，25～34岁=2，35～44岁=3　45～54岁=4，55～64岁=5，65岁及以上=6
家庭年收入	≤3万元=1，（3万元，5万元]=2，（5万元，10万元]=3　（10万元，13万元]=4，（13万元，15万元]=5，>15万元=6
教育	小学=1　初中=2　高中=3　中专=4　大专=5　本科=6　研究生=7
老人	家庭是否有老人：否为0，有为1
小孩	家庭是否有小孩：否为0，有为1
价格区间	<5元/斤=1　[5元/斤，7元/斤）=2　[7元/斤，10元/斤）=3　≥10元/斤=4
包装	散装为0，包装为1
散养	非散养为0，散养为1

（二）实证结果分析

通过对 990 个消费者样本回归分析得到鸡蛋价格、鸡蛋是否散养对品牌鸡蛋购买在 95% 置信区间上显著。而食品安全认知与个人受教育程度对品牌鸡蛋购买

行为在90%置信区间上显著。如表4-33所示。

表4-33 方程回归结果

名称	分类	回归系数(B)	标准误差(S.E)	Wals	自由度(df)	显著性(sig)	Exp(B)
步骤2	安全认知	0.260	0.198	3.156	1	0.076	1.297
	购买频率	-0.041	0.093	0.194	1	0.659	0.960
	质量关注	0.057	0.187	0.093	1	0.760	1.059
	性别	0.053	0.154	0.118	1	0.731	1.054
	年龄	-0.027	0.073	0.135	1	0.713	0.973
	家庭年收入	0.053	0.077	0.470	1	0.493	1.054
	教育	-0.096	0.075	3.101	1	0.078	0.908
	老人	0.088	0.188	0.222	1	0.637	1.092
	小孩	-0.181	0.204	0.792	1	0.374	0.834
	价格	-0.186	0.105	4.144	1	0.042	0.830
	包装	0.034	0.178	0.037	1	0.848	1.035
	散养	0.423	0.197	4.598	1	0.032	0.655
	常量	1.717	1.467	1.370	1	0.242	5.571

资料来源：根据调研结果整理所得

注：在步骤2中输入的变量有安全认知、购买频率、质量关注、性别、年龄、家庭年收入、教育、老人、小孩、价格、包装、散养。

由表4-33可得出四条结论，具体如下。

第一，消费者的鸡蛋食品安全认知情况对品牌鸡蛋的购买行为在90%置信区间上显著。食品安全认知系数为正，说明感知鸡蛋食品质量安全问题越严重的消费者越会买品牌鸡蛋。品牌鸡蛋的质量安全以品牌声誉作为保证，品牌的声誉可以成为产品质量的保证，企业会形成依赖品牌声誉保证产品质量的机制。对于消费者而言，选择购买品牌鸡蛋可以有效降低食品安全风险，因此，重视食品安全认知问题的消费者会选择购买品牌鸡蛋。

第二，消费者受教育水平对品牌鸡蛋消费者行为在90%置信区间上显著，说明个人特征与品牌鸡蛋购买行为相关。而受教育水平系数为正，这说明消费者受教育水平越高，受教育水平为本科或者研究生，越可能购买品牌鸡蛋。这是因为消费者受教育水平越高，对食品安全知识了解越多，越了解品牌鸡蛋的优势，所以会选择品牌鸡蛋进行消费。

第三，品牌鸡蛋价格对消费者品牌鸡蛋购买行为在95%置信区间上显著，说明产品特征与消费者购买行为相关。而价格系数为负，这说明品牌鸡蛋价格越低，购买者越多。这个结论符合需求供给理论，即价格越低销量越大。数据显示，购买品牌鸡蛋的比例只有22.63%，限制消费者购买品牌鸡蛋的主要因素是价格高。而上文描述性分析中，通过消费者对鸡蛋价格及购买量的均值进行回归得到鸡蛋价格每降 1 元/斤，需求会增加 27.7%。可见价格对品牌鸡蛋销量有非常直接的影响。

第四，鸡是否散养对品牌鸡蛋的购买行为在 95%置信区间上显著，这说明产品特征与消费者购买行为相关。消费者对鸡是否散养的判断取决于是否是品牌鸡蛋。散养系数为正，表明消费者对散养鸡蛋有偏好，没有偏好的消费者不会购买品牌鸡蛋。散养鸡在自然环境中生长，产出的鸡蛋品质会更好一些。现实中很多品牌鸡蛋都以散养土鸡蛋作为品牌宣传点。所以，对散养土鸡蛋有偏好，对食品安全及营养价值有追求的消费者更倾向购买品牌鸡蛋。

第三节　促进江苏省鸡蛋行业发展的对策

2010 年以来，食品安全问题已成为社会各界广泛关注的热门话题。然而消费者对食品安全的认知并不充分，对食品安全基本知识缺乏了解；同时，消费者对食品安全风险又存在着过高的感知，对食品行业缺乏信心。消费者的这种食品安全认知程度和心理对其购买行为产生直接影响。因此，只有通过合理的引导，帮助消费者正确了解食品安全现状及问题，才能使其食品消费者行为更加科学理性。本节分别从政府、企业及消费者三个方面对促进鸡蛋行业的发展提出了一些对策。

一、政府及相关部门应完善立法，加强执法、监督和管理整个鸡蛋产业链

（一）完善立法

在三聚氰胺事件之后，我国加快了《中华人民共和国食品安全法》的颁布和实施步伐，已经形成了以此为核心的食品安全法律体系。《中华人民共和国食品安全法》的制定和实施将各种食品安全犯罪提升到了刑法的高度，对各种食品安全的违法违规行为起到了较大的威慑作用，促进了我国食品安全水平的提升。但是现行的食品安全法的内容是以概述规定和管理的调整为主，对于食品安全的各项规定并不具体，一定程度上影响了其在实践中的实用性。目前我国除了相关行业标准以外，还没有制定一部专门针对蛋品及其制造品行业的法律或规章制度。因

此应当以食品安全法为原则，尽快出台各种配套的法规细则，细化、量化各项操作规范，将各项法律基础落到实处，提高食品安全法的应用价值。

（二）强化执法

无论是安全食品的认证工作，还是对农产品生产企业的监督管理，政府都对促进农产品质量安全的提高发挥了巨大的作用。为保证相关法律、规章制度及标准等的严格有效实施，应当成立专门的食品质量安全管理监督部门，并赋予其相应的权力，以保证鸡蛋行业在生产、供应和销售等各个环节的安全生产技术与工艺都符合规范和要求，确保鸡蛋等农产品的质量安全，保障消费者的身心健康。同时以良好的品质提高消费者对鸡蛋行业食品安全的信任度，进而强化消费者的购买意愿，促进消费者行为的发生。努力实现食品安全领域有法可依、执法必严的新局面。

（三）建立标准

在鸡蛋行业标准方面，过去我国鸡蛋行业实行《鲜蛋卫生标准》，该标准制定于 1996 年，并严重落后于世界农产品标准。2006 年，我国制定了《无公害鸡蛋国家标准》，计划实行鸡蛋行业准入机制。该行业标准中所规定的影响蛋品质量内在的指标因素主要包括细菌超标、重金属污染、抗生素残留等，这些指标看不见、摸不着，必须在专业仪器和人员的操作下才可鉴别；另外，由于我国相关法律规定，行业标准属于推荐性标准，不具备法律的强制力，一方面导致了目前该标准在实践中应用并不广泛；另一方面各种地方标准和企业标准林立，我国蛋品行业标准混乱。此外，该行业标准实质上为鸡蛋行业的市场准入标准，并不涉及蛋品的安全等级问题，对无公害鸡蛋、绿色鸡蛋和有机鸡蛋等并不做区分，影响了我国安全鸡蛋产业的发展。因此有关部门在完善鸡蛋食品安全立法的同时，应当进一步细化各项标准，并完善各项配套措施。提高各项标准的法律地位，赋予其一定的强制性，使行业标准能够真正应用到实践中。

（四）加强产品认证管理

目前，食品安全认证领域的造假行为依然存在，一些不法厂商仿冒无公害农产品、绿色食品和有机食品的认证标识混淆消费者的辨认依据或是通过标签注明的方式来迷惑对安全认证农产品认知不够充分的消费者，降低了安全认证农产品的公信力，使消费者的权益受到了侵害。因此，相关的政府部门应该加强农产品质量安全监管，积极建立和完善无公害农产品、绿色食品和有机食品管理制度。要根据相关法律法规和制度要求，建立健全例行检查制度。对获证产品和企业（产地）实行年度抽查、检查制度；对认证标志的印制、使用和登录加大跟踪力度；加强对工作机构工作质量的日常监督管理；定期检查认证质量体系、质量手册和程序文件的执行情况。通过例行检查制度的建立和实施，不断提高无公害农产品、绿色食品和有机食品认证的有效性。

（五）产业链视角的全面质量控制

加大对鸡蛋生产上游产业如饲料等行业的控制和管理，严格控制一些影响食品安全的物质或行业，如苏丹红、食品添加剂等。加大对食品企业和行业监督检查的力度，严厉打击食品安全违法行为。同时加大对养殖户等在疫病防治、技术培训、养殖贷款等方面的支持和引导，帮助其实现科学合理养殖，从根本上减少或杜绝抗生素、添加剂等的使用。对下游产业如鸡蛋的运输包装、生产等环节同样应依照《流通领域食品安全监督管理办法》等法律法规，加以控制，以确保鸡蛋的品质安全，防止在后续过程中被二次污染。通过相关市场准入机制的应用和实施，确保流向市场的每一颗鸡蛋都是安全的和值得放心的。

（六）建立食品安全追溯体系

应当尽快建立和完善农产品质量安全信息体系，建立食品安全追溯制度。在鸡蛋生产和经营的每一个环节上要求生产经营者实行索证索票、进货质量检查、进销货台账等制度，对鸡蛋生产和使用进行跟踪管理，严把食品质量关。一旦发生食品安全问题，应立即启动食品安全追溯制度，找到问题的根源所在，粉碎不安全因子。同时找到责任人和单位，并依法处理。

（七）加强食品安全教育

政府应该加强对消费者在农产品质量安全方面的知识宣传和培训。消费者在获得关于农产品质量安全的正确认识后，才能在选购农产品时采取更加明智的行为。因此，相关政府部门要为消费者创造良好的食品消费环境，针对不同地域和不同层次的消费者采用不同的方式进行不同内容的教育，来提高消费者的农产品质量安全知识水平。

二、企业应严格自律，将食品安全与自身发展战略相结合

（一）严格自律

遵纪守法、合法经营是企业生存的前提条件。新《中华人民共和国食品安全法》第三条明确规定食品生产经营者是保障食品安全的第一责任人，该条法律的原文如下："食品生产经营者应当依照法律、法规和食品安全标准从事生产经营活动，对社会和公众负责，保证食品安全，接受社会监督，承担社会责任"。同时新食品安全法将食品安全违法行为上升到了刑事犯罪的高度，食品安全违法行为的风险和成本进一步加大，因此，相关食品生产企业应当加强自律，杜绝违法行为的发生，坚决不挑战法律的威严。树立社会责任意识，对其自身和社会公众负责。树立全面质量管理理念，加强自身监测，严格控制产品质量。企业的负责人应当树立正确的盈利心态，杜绝唯利是图思想。

（二）建立良好口碑

个人来源是消费者对食品安全风险感知的重要来源之一，也是减少消费者对食品安全风险感知的重要来源。因此，建立良好的产品形象，为企业树立良好的口碑对于企业发展来说非常重要。而这种良好口碑的形成正是建立在产品优良的品质和质量的基础上的信任感。那些暴露出食品安全问题的企业，如双汇集团、三鹿集团等均在市场上或者受到严重创伤，或者直接被淘汰，而那些严把食品质量关的企业，如贝因美等却能够在行业环境恶劣的情况下抓住契机，逆流而上，将企业的发展推向了新的高潮。因此企业以食品安全为基础，以品牌为载体，不断提高产品的知名度和美誉度，是企业生存和发展的重要途径。

（三）合理定位，塑造品牌

产品品牌属性是产品的信誉保障，企业应以质量为保证打造良好的鸡蛋品牌。品牌对消费者安全食品购买行为具有明显的引导作用，消费者在进行购买决策的过程中，自身已有的购买经验是其决策的重要依据，消费者往往倾向于购买有良好购买经历的产品，而不选择那些没有购买经历或者有坏的购买经历

的产品。在这个过程中，消费者对于同类产品的识别和区分往往是通过品牌或商标来进行的，因此提高企业知名度和美誉度是实现企业营销可持续发展的重要途径。

食品安全问题愈发突出，消费者对食品安全的认知和关注程度也越来越高。在经济条件允许的情况下，或者在同等条件下，消费者更倾向于购买有品质保障的产品。消费者对安全农产品有明显的消费倾向，这也是2010年以来"生态鸡蛋""农家土鸡蛋""有机鸡蛋"等高端鸡蛋兴起的原因。因此，企业应当根据当地人民群众的收入水平、消费水平和食品安全认知情况，抓住消费者的诉求，合理定位，以实现企业的长远发展目标。通过恰当的途径，如媒体广告、权威推荐等，宣传企业形象，打造企业品牌，彰显企业安全可靠的一面，进而提高消费者对产品的信任度。

（四）合理引导鸡蛋消费需求

引导消费不仅仅是政府相关部门的责任，也是相关生产企业的任务。生产企业不能只在政府的强力推动下顺势改善食品质量安全的状况，而应该通过营销手段比政府更近距离地与消费者接触来引导消费者建立正确的安全消费观念和消费方式，大力宣传鸡蛋品牌，以促进追求食品安全的消费群的形成，培育食品安全的消费市场。

（五）改进传统食品的生产工艺

我国有着上千年的悠久历史，其美食文化也是源远流长。全国各地均有不少具有地方特色的传统美食。今天这些传统美食中很多已经实现了工厂化生产，销往全国各地。但是由于它们生产工艺复杂，且与现代食品生产的标准存在较大差异，因此很难通过食品安全关，涉及鸡蛋产业的有茶叶蛋、卤鸡蛋、鸡蛋饼等。相关企业应当励精图治，努力改革鸡蛋及其产业的生产工艺和流程，将现代生产工艺和技术引入到传统食品的生产中去，延长鸡蛋产业链及其寿命，为企业创造更加丰富和长远的利益。

综上所述，企业只有将食品安全与自身的发展战略相结合，严格自律，努力塑造安全可靠的品牌形象，保障食品安全质量，才能在市场竞争中立于不败之地。

三、消费者应当努力提升食品安全认知，理性消费，主动参与食品安全的监督管理

（一）提升食品安全认知，科学理性消费

提高对食品安全知识的了解程度，在购买决策时能够科学合理地辨认安全食品。同时通过食品安全知识的学习，改善个人及家庭的饮食习惯，提高自我保护意识，培养科学健康的饮食、消费习惯。在具备一定的食品安全认知的基础上，消费者应结合自身实际情况和需要，科学理性地进行购买和选择符合相应标准的安全食品。

（二）主动参与食品安全的监督与管理

消费者是食品的最终食用者，代表的是食品产业链的最终端环节，食品安全与否直接关系到消费者身心的健康。因此，消费者有必要参与到食品安全的监督和管理中去。在消费的过程中，如果发现企业或商家有违反食品安全法或相关法律法规的行为，应当及时向有关部门举报，进而维护自身及社会其他消费者的利益。同时，消费者从另一个层面上担当了食品生产的实际操作者，当食品生产企业的员工发现本企业生产出现违规行为时，为了维护本企业的长远利益，有必要提醒有关领导或向有关部门举报。只有通过发挥消费者这个广大的群体的力量，实现全民监督，才能够开创食品安全的新时代。

第五章　食用昆虫消费者行为研究——基于北京和南京的调查

　　昆虫是自然界中种类最多、数量最大的生物种类，与人类的生活密切相关，但还是一个未被有效开发利用的食品资源。生物世界中种类最多的昆虫具有极高的营养价值。它们体内含有大量人体必需的蛋白质和各种维生素，还含有丰富的矿物质，其营养成分的含量结构比畜、禽类更为合理，脂肪和胆固醇的含量也低于畜、禽肉类。随着人口剧增，耕地锐减，我国已发现的食用资源，并不是取之不尽的，过度开采必将破坏生态平衡，寻找新的食品资源是关系人类生存的重要课题。昆虫食品成为人类关注的焦点。

　　自人类出现以后，把昆虫作为美味食品在世界的许多国家和地区就已开始了，并且各自具有独特的食用种类、方法和习俗。非洲大陆的一些土著居民自古以来就喜食蚂蚁、蛾类等昆虫。蟋蟀是非洲坦桑尼亚、津巴布韦及博茨瓦纳居民的佳肴。欧洲居民习惯吃蝗虫、金龟子、蚂蚁等昆虫。在法国巴黎的昆虫餐厅可以吃到炸蝇蛆、蚂蚁狮子头、清炖蛐蛐汤、烤蟑螂、蒸蛆、甲虫馅饼及蝴蝶、蝉、蚕等昆虫幼虫或蛹制成的昆虫菜等366种。中美洲人常以蛾子饼作为主食。美国人用蝴蝶幼虫制成巧克力、面包、饼干等。墨西哥素有"食虫之乡"的美誉，食用的昆虫多达370余种。"红烩龙舌兰蚜虫"、"墨西哥鱼子酱"和"蚂蚁菜"是3种最为著名的佳肴。在亚洲，日本是食用昆虫较早的国家之一，除蝗虫、蚂蚁外，还食用蛴螬、蜉蝣、透翅。但西方人都以吃昆虫为一种文化禁忌。

　　昆虫作为食品在我国有着悠久的历史，据考证早在3000多年前中国就有食用昆虫的习俗，且这种习俗一直延续至今。如京津一带多喜食油炸蝗虫，苏北人爱吃蝉，东北、四川、湖南有吃天牛幼虫的习惯。山东省、江苏省的一些地方喜食油炒红铃虫幼虫。江浙一带人们爱吃蚕蛹。福建、两广一带喜食龙虱。西双版纳的傣族人将蚂蚁卵加盐醋凉拌，招待宾客。贵州的仡佬族、广西东兰县长江、金谷一带的壮族和云南新平县境内的哈尼族人民都举行各自不同的吃虫节，到时家家户户餐桌上总少不了油炸蝗虫、腌酸蚱蜢、甜炒蝶蛹、蚜米泥鳅、油炸蚂蚱等别有风味的昆虫菜肴。

随着人类对自然和健康的认识，营养丰富、高蛋白、低脂类、低胆固醇、味道鲜美的昆虫成为一种新型食品，在现代生活中人们对昆虫食品的营养价值和医疗价值的认识也不断深入，食用昆虫作为美食佳肴和疗效食品越来越受到人们的青睐。

本章的主要内容包括我国食用昆虫产业发展状况，及食用昆虫消费者行为的调研分析。

第一节 食用昆虫产业发展状况

我国传统上用于食用的昆虫主要是蝗虫、蚕蛹、田鳖、蝉、蜂（幼虫）、蚂蚁、蝼蛄等。昆虫可食用的部分包括昆虫本身及其产物，食用的方法也比较多，如制作菜肴、加工成罐头等。传统的吃法是把昆虫制成菜肴，如蚂蚁菜肴、油炸蚕蛹、油炸蝎子。近年来，昆虫美食的开发热潮席卷全国，除了上述传统的美食外，还卓有成效地开发出许多昆虫保健食品，如用发酵方法加工蚕蛹，生产蚕蛹豆酱、蚕蛹面包；中国婴幼儿食品营养研究所利用蚕蛹成功研制蚕蛹粉，其蛋白质含量比牛肉高3倍，属于全营养保健食品。黑龙江利用蚕蛾生产蚕蛾酒，畅销海内外，云南省、江苏省利用蚂蚁做原料研制成功的金刚酒、蚂蚁粉在治疗类风湿和癌症等方面具有独到的效果，湖北利用危害林木的舟蛾提取食用油。制成功能食品是当今食品科学领域的研究热点，如蜜蜂食品、蚂蚁食品、蝇卵食品、蚕蛹和蚕丝、蟋蟀等。目前可以从昆虫活体中提取活性蛋白、活性肽包括抗菌肽、活性多糖、复合脂质昆虫精油、抗癌活性物质及微量元素等用于功能性食品的生产。

昆虫食品产业化成败的一个关键就是市场能否被开拓。目前，在人们传统的饮食观念制约下，昆虫食品市场很小，甚至没有什么市场。但是实际上很多企业已经在积极行动，如长沙的赛邦生物，公司专业从事昆虫产业化开发——集昆虫种源培育、生产养殖、技术培训、产品开发、加工销售、科工贸为一体的经济实体。公司经营范围包括昆虫养殖、繁育、推广、收购、技术开发、饲料添加剂、保健食品开发、生产、销售。2007年，公司在长沙芙蓉南路"绿色经典"酒家，首次推出了昆虫宴，黄虫炒玉米、蚕蛹春卷、龙虱拌花生米、酸辣虫蛹汤、油炸黄粉虫……结合湖南人的口味，研发、配制出来的食谱，大受欢迎。昆虫宴引来众多媒体的争相报道。现在，公司工厂扩至12亩（1亩≈666.7平方米），在全国31个省区市有生产基地80个，散养户420余户，月产鲜虫80余吨，同全国各地及美、日、德、韩等国建立了贸易关系，年出口干虫量达300吨。公司还利用纯天然高蛋白黄粉虫为原料，研制开发昆虫活性蛋白粉、食品添加剂、蛹菜等产品。

综上所述，昆虫食品发展具有很大潜力，但是如何开发市场还是一个主要的问题。随着我国经济的发展，市场已变成买方市场，消费者的消费需求已发生了很大变化，营养丰富、高蛋白、低脂类、低胆固醇、味道鲜美的昆虫食品越来越受消费者的青睐，很多企业都在积极投资食用昆虫行业，但是如何更好地满足消费者的需求还有待于市场研究和开发。

一、食用昆虫的开发利用方式

一般来说，昆虫的开发利用可以分为：传统食品加工和功能食品开发两大类。昆虫食用的一般加工工艺流程为：虫体→预检→清洗→配料→加工。

同时，由于食用昆虫种类繁多，不同种类的昆虫含有特殊营养保健成分，从而具有独特的功能。因此，食用昆虫非常适合开发功能性食品。从昆虫活体中提取活性蛋白、活性肽（包括抗菌肽）、活性多糖、抗癌活性物质及微量元素等用于功能性昆虫食品的生产。有学者认为，食用昆虫可供利用的几种方式包括：一是原形昆虫食品，只经过简单的加工和烹调，以昆虫的原形食用；二是昆虫蛋白食品，昆虫蛋白是一种优质的蛋白资源。通过对昆虫饲养和蛋白提取的研究，可以把那些蛋白质量高、直接食用大众不易接受的昆虫开发成高蛋白的营养食品或营养添加剂，满足人类对蛋白的需求；三是昆虫油料产品，昆虫的成分分析和营养价值研究表明，许多昆虫体内都含有丰富的脂肪，通常平均脂肪含量为30%左右。由此可见，一些饲养容易、虫体易得、脂肪含量较高的昆虫，可以用来提取油脂供人类食用或用作保健品或药品，甚至工业用油等。昆虫油脂提取技术的不断完善和广泛利用，可能成为昆虫利用和产业化的一个重要方面。实际上，后两种利用方式都可以归类为功能食品开发这一大类中。

特别值得一提的是，昆虫蛋白食品这种利用方式，即昆虫的蛋白质提纯。由于昆虫直接作为食物还不被大多数人所接受，因此提取蛋白质或制取氨基酸用于食品、药品或化妆品将是一条有效的利用途径。

而我国早在20世纪60年代就以脱脂蚕蛹为原料生产出了水解蛋白，并利用其治疗浮肿和干瘦等病症，目前蚕蛹蛋白和水解蛋白利用已进入工业化生产。

二、我国食用昆虫的开发利用及产业化

昆虫作为食品，传统的加工方法仅限于烧、烤、油炸等。以昆虫为原料进行深加工，最早出现于二战后的西德，当时其国内发生严重的粮荒，为了解决粮食

危机,西德开始研究昆虫食品,把家蚕、大螟、玉米螟等经过化学处理加工成罐头食品。我国从20世纪80年代后才开始重视昆虫食品的研究与开发。

1998年刘奇志撰文指出,我国对食用昆虫开发利用的形式主要包括:昆虫整形食品的加工生产,昆虫产物的加工利用及昆虫营养素的系列开发等。同一时期,魏永平也指出:食用昆虫人工养殖的产业化是大规模工厂化生产昆虫食品的前提,可以产业化人工饲养的食用昆虫有蜜蜂、蚕、舍蝇、黄粉虫、蚂蚁等。有关昆虫产品如昆虫罐头、昆虫蛋白(粉)、昆虫口服液等加工工艺已经成熟。

此外,由于受传统中医理论影响,我国在昆虫食品的开发研究方面较多注重昆虫的药理作用。以蜜蜂、雄蚕蛾、蚂蚁等作为主要原料生产出的保健滋补产品得到了空前发展。

截至2019年4月,我国已用蚂蚁开发出30余种保健饮料和食品;以蝉为原料开发的仙蝉保健食品也进行了工业化生产;在蜂蜜、蜂王浆等传统昆虫食品的基础上已开发出系列保健食品,如蜂蜜保健醋、蜂蜜啤酒、王浆花粉营养液、雄蜂蛹、蜂皇胎片等。

三、我国食用昆虫开发利用存在的问题

(一)制约因素

制约昆虫功能食品开发利用的主要因素为:传统饮食观念的限制、昆虫饲养技术差、功能食品的开发力度不够。

(二)进一步改善饮食观念

Vane-Wright(1991)认为对昆虫食用的偏见是一种无知的表现,如果抛弃这种无知的念头和偏见,积极利用昆虫资源作为食物和蛋白质的来源,产生的社会利益和经济效益将是不可估量的。

因此,重要的是要消除或削弱人们对食用昆虫根深蒂固的偏见,以便给规模化生产昆虫的研究更多机会、更有效地采集野外昆虫,以及更好地使昆虫食品和当地食品形成营养互补。

(三)食用昆虫的深度加工及其产业化

截至2019年,我国对昆虫食品的加工利用仍停留在很低的层次水平,大部分

昆虫仍以全形昆虫的方式进行食用，而工业化加工利用的昆虫种类仅限于蝗虫、蚕蛹等少数几种。因此，陆剑锋提出，目前急需开展的工作包括：各种食用昆虫的最佳利用方式；不同虫种在加工利用过程中的化学和物理变化；如何延长昆虫食品的贮藏时间；专门的昆虫食品加工机械等。

第二节　食用昆虫消费者行为调研分析

把昆虫作为美食在世界的许多国家和地区早已开始了，在我国也有着悠久的历史，随着人类对自然和健康的认识，食用昆虫作为一种新型食品，不断受到人们的青睐，本节通过对北京和南京两地消费者进行调查，研究现代消费者对可食用昆虫的了解情况及消费者行为等。

一、调查设计

（一）问卷设计

问卷采用封闭式问题、开放式问题、刻度表等方法。问卷首先调查消费者对昆虫种类、营养价值等的了解程度及了解渠道；调查消费者购买昆虫的地点、频率、目的、金额和消费品种、主要食用者、喜欢或不喜欢的原因、购买决策因素、满意度、是否青睐某种昆虫食品、知道某些企业；其次通过对被调查昆虫食品知识介绍，看看消费者是否在培训后愿意增加对昆虫食品的消费。最后是一些统计变量，包含性别、年龄、教育、家庭年收入、职业、家里是否有小孩和老人、居住地、出生地等。

（二）调查实施

本章实施的调查由访问员在北京和南京的主城区完成，北京主城区共发放问卷 640 份，南京主城区共发放问卷 850 份。采取街头随机拦截访问的调查方式。共收回有效问卷 1393 份，其中，北京 590 份，南京 803 份。

（三）样本基本情况

本章实施的调查样本基本符合我国人口分布特征。样本的基本情况主要包括被调查者的性别、年龄、受教育程度、家庭年收入等。如表 5-1 所示。

表5-1 调查对象的基本特征

名称	分类	人数/人	有效百分比/%
性别	男	664	47.8
	女	726	52.2
年龄/岁	18~24	353	25.4
	25~34	339	24.4
	35~44	283	20.3
	45~54	183	13.2
	55~64	124	8.9
	65 及以上	108	7.8
受教育程度	小学	58	4.2
	初中	181	13.0
	高中	250	18.0
	中专	118	8.5
	大专	284	20.4
	本科	449	32.3
	研究生	50	3.6
家庭年收入/万元	≤3	309	22.2
	(3, 7]	475	34.2
	(7, 11]	117	8.4
	(11, 13]	294	21.1
	(13, 15]	97	7.0
	(15, 17]	29	2.1
	(17, 19]	25	1.8
	(19, 21]	18	1.3
	>21	26	1.9
是否有20岁以内上学的小孩	是	612	44.0
	否	778	56.0
是否有退休老人	是	671	48.3
	否	719	51.7
目前居住地	城市	1104	79.4
	农村	286	20.6
被调查者出生地区	安徽	80	5.8
	北京	403	29.0

续表

名称	分类	人数/人	有效百分比/%
被调查者出生地区	江苏	514	37.0
	福建	33	2.4
	甘肃	23	1.6
	广东	25	1.8
	广西	24	1.7
	贵州	22	1.5
	河北	69	5.0
	河南	62	4.5
	黑龙江	35	2.5
	湖北	35	2.5
	湖南	33	2.4
	吉林	32	2.3

资料来源：根据调研结果整理所得

被调查者中女性比例略高（52.2%），说明女性仍是家庭中食品消费的主要关注者。被调查者（49.8%）的年龄集中在18~34岁。35~44岁的被调查者占20.3%。55~64岁和65岁及以上的被调查者分别占总人数的8.9%和7.8%。被调查者中低收入人群较多，家庭年收入在3万~13万元的人群约占被调查者总数的63.7%，其中3万~7万元的样本人群占34.2%。而家庭年收入少于3万元和在11万~13万元区间的样本人群分别占22.2%和21.1%。只有7.1%的被调查者家庭年收入在15万元以上。从教育情况来看，学历达到大专（20.4%）及本科（32.3%）的样本人群较多，占52.7%，说明多数被调查者接受过良好的教育。分别有37.0%及29.0%的被调查者幼时生活在江苏省及北京市，共计占被调查者总人数的66%，这与本调查问卷在南京及北京两地进行抽样调查有密切关系，同时反映出被调查者的人口流动性不是很大。绝大部分的被调查者（79.4%）生活在城市，居住在农村的被调查者只占20.6%，说明此次调查对象主要是城市消费者，反映了城市消费者对昆虫食品的消费偏好。

二、消费者对昆虫食品的基本认知

（一）消费者是否了解昆虫食品

由表5-2可以看出，40.8%的被调查者听说过昆虫食品，但不了解；27.6%的被调查者对昆虫食品一般了解；仅2.8%的被调查者认为自己十分了解昆虫食品；同时仍有28.8%的消费者表明自己从未听说过昆虫食品。因此，从总体来看，消费者对昆虫食品的认知度并不高。

表5-2 消费者对昆虫食品的了解程度

了解程度	人数/人	有效百分比/%
十分了解	39	2.8
一般了解	385	27.6
听说过，但不了解	569	40.8
从未听说过	400	28.8

资料来源：根据调研结果整理所得

（二）消费者了解渠道

表5-3数据显示，消费者了解昆虫食品的主要渠道是电视，约占被调查者总数的34.8%。其次，是通过朋友或亲戚的推荐，约占被调查者总数的18.9%。此外，分别有18.6%和17.2%的被调查者通过报刊和互联网这两种渠道了解昆虫食品。大众媒体仍是消费者了解食品信息的首要工具。

表5-3 消费者了解昆虫食品的主要渠道

渠道	人数/人	有效百分比/%
电视	462	34.8
朋友或亲戚的推荐	251	18.9
报刊	247	18.6
互联网	229	17.2
专家推荐	32	2.4
其他	108	8.1

资料来源：根据调研结果整理所得

（三）是否了解昆虫食品类型

如表5-4所示，大部分消费者（58.0%）对市面上现有的昆虫食品类型有一定的了解。

表5-4 是否了解市面上现有的昆虫食品类型

是否了解	人数/人	有效百分比/%
了解	564	58.0
不了解	408	42.0

资料来源：根据调研结果整理所得

（四）消费者对昆虫食品类型的了解情况

调查结果（表5-5）显示，消费者知晓度最高的昆虫食品为"冬虫夏草"（35.7%），其次是"蚕蛹"（28.2%）。消费者知晓度比较高的昆虫食品还包括："蝉"（21.7%）、

"蚂蚁"（17.4%）、"蚂蚱"（15.1%）和"蝗虫"（12.4%）。

表5-5 消费者所了解的市面上昆虫食品名称

名称	昆虫1	昆虫2	昆虫3	人数/人	有效百分比/%
冬虫夏草	128	22	8	158	35.7
蚕蛹	77	38	10	125	28.2
蝉	54	30	12	96	21.7
蚂蚁	27	37	13	77	17.4
蚂蚱	23	33	11	67	15.1
蝗虫	24	19	12	55	12.4
蛾	1	35		36	8.1
蚕	21	12	2	35	7.9
知了	19	7	4	30	6.8
蜂	13	6	8	27	6.1
蚕	13	6		19	4.3
面包虫	10	6	1	17	3.8
肉芽	2	3	2	7	1.6
蝉蛹	6	1		7	1.6
蜜蜂	4	3		7	1.6
蜂蛹	4	2		6	1.4
田鳖	1	5		6	1.4
豆虫、豆丹	3	2	1	6	1.4
蚱蜢	3	2		5	1.1
蛆	1	3		4	0.9
蟋蟀		3		3	0.7
黄粉虫		3		3	0.7
蝴蝶	1	1		2	0.5
土鳖		1	1	2	0.5
蛹		1	1	2	0.5
蝇	2			2	0.5
蛆芽	1		1	2	0.5
金蝉		1		1	0.2
菜青虫	1			1	0.2
大米虫	1			1	0.2
竹虫	1			1	0.2
青虫		1		1	0.2
蚊子			1	1	0.2
山蚁			1	1	0.2
蝇卵		1		1	0.2
杨搁子			1	1	0.2
蜂幼虫	1			1	0.2
蟑螂	1			1	0.2
回答者数	443				

资料来源：根据调研结果整理所得

三、消费者对昆虫食品的消费者行为

（一）消费者是否买过或吃过昆虫食品

如表5-6所示，55.2%的被调查者表示曾经买过或吃过昆虫食品，其中31.5%的样本人群买过或吃过昆虫食品的频率为"仅有几次"，另有5.1%的消费者买过或吃过昆虫食品的频率为"经常"。

表5-6 被调查者买过或吃过昆虫食品的频率

买过或吃过昆虫食品的频率	人数/人	有效百分比/%
经常	50	5.1
偶尔	183	18.6
仅有几次	311	31.5
从来没有	441	44.8

资料来源：根据调研结果整理所得

（二）购买或消费昆虫食品的地点

消费者购买或消费昆虫食品的地点比较分散，问卷中设计的11个场所都有涉及。其中，超市、美食街、城镇饭店、农贸市场、农家乐及专卖店依次为6个主要的购买、消费场所。此外，消费者还在药店和保健品店进行过昆虫食品的购买或消费，分别占被调查者人数的8.0%和7.4%。见表5-7。

表5-7 曾经购买或消费昆虫食品的地点

购买或消费昆虫食品的地点	人数/人	有效百分比/%
超市	111	14.2
美食街	99	12.7
城镇饭店	91	11.6
农贸市场	85	10.9
农家乐	84	10.7
专卖店	72	9.2
药店	63	8.0
保健品店	58	7.4
百货商场	37	4.7
昆虫餐厅	30	3.8
展销会	29	3.7
其他	24	3.1

资料来源：根据调研结果整理所得

（三）购买过的昆虫食品类型

大部分消费者购买过的昆虫食品类型依次为菜肴（48.5%）、原产品（26.4%）和深加工品（25.1%），见表 5-8。这说明消费者购买的昆虫食品加工程度不高，而昆虫食品市场的开发潜力还很大。

表5-8　消费者购买过的昆虫食品的类型

类型	人数/人	有效百分比/%
菜肴	265	48.5
原产品	144	26.4
深加工品	137	25.1

资料来源：根据调研结果整理所得

如表 5-9 所示，消费者曾购买最多的昆虫食品为蚕蛹，约占 17.0%。其次购买过的昆虫食品为蝉和冬虫夏草，比例均约占 12%。消费者较常购买蝎子（8.0%）、蝗虫（8.0%）和蚂蚱（7.3%）等品种。即越是日常生活中较常见或越是为消费者一贯熟知的昆虫，消费者购买该昆虫食品的可能性就越大。而面包虫这种实际营养价值很高的昆虫种类，消费者基本不太购买其食品。说明消费者经常购买的昆虫食品种类与消费者对这种昆虫的了解程度直接相关。

表5-9　消费者购买过的昆虫食品品种

品种	人数/人	有效百分比/%
蚕蛹	237	17.0
蝉	169	12.1
冬虫夏草	165	11.8
蝎子	112	8.0
蝗虫	112	8.0
蚂蚱	101	7.3
蚂蚁	78	5.6
蜂（幼虫）	74	5.3
田鳖	29	2.1
蝇卵	20	1.4
蝼蛄	18	1.3
黄粉虫（面包虫）	16	1.1
蟋蟀	15	1.1
白僵蚕	12	0.9
其他	12	0.9
斑蝥	10	0.7
蝙蝠蛾	5	0.4
蛴螬	2	0.1
蚍蜉	2	0.1

资料来源：根据调研结果整理所得

（四）消费者购买昆虫食品的主要目的

由表 5-10 可以看出，42.0%的被调查者表示他们购买昆虫食品的主要目的是保健，35.5%的被调查者是为了做家常菜。只有22.5%的消费者将食用昆虫零食作为购买的主要目的。

表5-10　购买昆虫食品的主要目的

主要目的	人数/人	有效百分比/%
做家常菜	186	35.5
零食	118	22.5
保健	220	42.0

资料来源：根据调研结果整理所得

（五）消费者喜欢昆虫食品的主要原因

由表 5-11 可以看出，24.2%和23.7%的消费者喜欢昆虫食品的主要原因分别是"营养丰富"和"高蛋白"。看重昆虫食品"增强人体抵抗力"、"味道鲜美"、"治病"和"好吃"功能及作用的消费者占比分别为10.1%、7.9%、7.8%和7.7%。消费者最看重昆虫食品的营养价值，其次是其药用价值及味道、口感。

表5-11　喜欢昆虫食品的原因

原因	人数/人	有效百分比/%
营养丰富	265	24.2
高蛋白	259	23.7
增强人体抵抗力	110	10.1
味道鲜美	86	7.9
治病	85	7.8
好吃	84	7.7
延缓衰老	70	6.4
低脂类	40	3.7
低胆固醇	39	3.6
习惯	24	2.2
其他	30	2.7

资料来源：根据调研结果整理所得

（六）消费者不喜欢昆虫食品的原因

由表 5-12 可见，超半数（52.0%）的被调查者不喜欢昆虫食品的原因为"惧怕"；而选择"气味难闻""其他"原因的均占24%左右。要想开拓昆虫食品消费市场，进行有关昆虫食品必要的科学知识宣传和普及十分重要，要帮助消费者克服对昆虫的惧怕心理。除了问卷中所列的"气温难闻""惧怕"两项原因外，消费者不喜欢昆虫食品的其他原因主要表现在以下三个方面："没有吃过"、"不了解"和"恶心"。这说明消费者对昆虫食品不够了解，缺乏购买或消费昆虫食品的经验，同时对昆虫食品卫生安全状况很不放心。

表5-12 消费者不喜欢昆虫食品的原因

原因	人数/人	有效百分比/%
惧怕	640	52.0
气味难闻	297	24.1
其他	295	23.9

资料来源：根据调研结果整理所得

（七）消费者购买或消费昆虫食品的标准

如表5-13所示，共有285人回答了这一问题。25.6%的消费者购买昆虫食品首先考虑的是"营养价值"。其次是"价格"（21.8%）和"食品安全问题"（21.1%）。其他影响昆虫食品消费的因素依次为："卫生/干净"（15.8%）、"产品质量"（12.6%）及"口味效用"（10.9%）。

表5-13 消费者购买或消费昆虫食品时所考虑的要素

要素名称	要素1	要素2	要素3	人数/人	有效百分比/%
营养价值	43	21	9	73	25.6
价格	39	18	5	62	21.8
食品安全问题	38	18	4	60	21.1
卫生/干净	32	12	1	45	15.8
产品质量	28	6	2	36	12.6
口味效用	18	10	3	31	10.9
味道	15	8	4	27	9.5
功效	8	6	1	15	5.3
外观/外形	5	7	2	14	4.9
健康	7	3	2	12	4.2
是否新鲜	6	3	2	11	3.9
好吃	5	2	1	8	2.8
产品产地/来源	4	3	1	8	2.8
真假	7			7	2.5
保质期	5	2		7	2.5
价值	3		2	5	1.8
包装	1	2	1	4	1.4
有无污染	3			3	1.1
品牌	2	1		3	1.1
增强免疫力	2	1		3	1.1

续表

要素名称	要素1	要素2	要素3	人数/人	有效百分比/%
颜色	2	1		3	1.1
是否正规	1	1		2	0.7
个人喜欢	1		1	2	0.7
好奇	1		1	2	0.7
加工操作方便	1	1		2	0.7
保健	2			2	0.7
是自然的还是养殖的	1			1	0.4
好玩		1		1	0.4
一般不考虑	1			1	0.4
接受能力		1		1	0.4
不会买	1			1	0.4
无害	1			1	0.4
鲜	1			1	0.4
药用价值	1			1	0.4

资料来源：根据调研结果整理所得

（八）影响消费者购买昆虫食品的因素

如表5-14所示，影响消费者购买昆虫食品最重要的因素为食品的安全性（5.14）；比较重要的因素包括食品的营养价值（4.64）、食品的口味（4.59）及食品的作用（4.41）；一般的影响因素包括食品的价格（3.63）、食品中昆虫的外形（3.37）、食品的品牌（3.21）及食品的包装（2.93）。

表5-14 影响消费者购买昆虫食品的因素

因素	均值	标准差
食品的安全性	5.14	1.515
食品的营养价值	4.64	1.669
食品的口味	4.59	1.664
食品的作用	4.41	1.750
食品的价格	3.63	1.664
食品中昆虫的外形	3.37	1.756
食品的品牌	3.21	1.736
食品的包装	2.93	1.619

资料来源：根据调研结果整理所得

注：均值反映的是消费者在购买昆虫食品时不同影响因素的重要程度，均值越高，重要性越强。1代表根本不重要，6代表非常重要

此外，被调查者还明确表示对某种昆虫有特别的青睐。他们最青睐的昆虫品种为"蚕蛹"，其次是"蝉"。首先，消费者特别青睐某种昆虫最普遍的原因为看重其"丰富的营养价值"。其次，消费者青睐某种昆虫特有的味道、口感及其好吃

程度。最后，消费者还比较青睐"有药用价值、可以治病"的昆虫品种。

消费者对企业了解度较低，但是了解者均可以写出企业名称。看完调查问卷里关于《本草纲目》中对可食用昆虫的益处的介绍材料后，大部分被调查者(60%)表示愿意开始或增加食用昆虫食品。说明消费者目前只是对食用昆虫不甚了解，在被告知其丰富的营养及药用价值后，大部分人愿意开始尝试甚至增加昆虫食品的消费。

第六章 消费者网购农产品影响因素研究

2017年8月4日中国互联网络信息中心（China Internet Network Information Center，CNNIC）在京发布第40次《中国互联网络发展状况统计报告》（以下简称《报告》）。《报告》显示，截至2017年6月，中国网民规模达7.51亿人，互联网普及率为54.3%，半年共计新增网民1992万人，其中，手机网民达到7.24亿人，继续保持稳定增长。手机上网的比例由2016年年底的95.1%提升至96.3%，并将持续提升。互联网的快速发展为农产品电子商务发展提供了重要前提和保障。2017年上半年，商务交易类应用持续高速增长。其中，网络购物规模增长10.2%，且用户偏好从开始的便宜消费品逐步向着品质、职能类消费品转移。而生鲜类目是传统零售尚未被电商攻克的最后堡垒。

消费者网购农产品的意愿直接关系到农产品电子商务是否能够顺利进行，在生鲜电子商务发展过程中具有十分重要的作用，了解消费者网购行为、网购意愿有着重要的意义。

本章阐述了农产品电子商务发展现状，通过对农产品网购行为影响因素的调研，提出促进农产品电子商务发展的对策。

第一节 农产品电子商务发展现状

互联网的迅速发展，使得网购已成为人们日常生活的常事，随之而来的电子商务创业浪潮也一波高于一波。而生鲜类目则是传统零售尚未被电商攻克的最后堡垒。政府鼓励农产品行业利用互联网等信息技术来发展线上线下相结合的鲜活农产品网上零售或网上批发，并出台了很多政策支持农产品流通。如今国家对涉农电商企业更加重视，相较于 2014 年文件中仅要求加强农产品电子商务平台建设，2015 年 2 月初中央在"一号文件"中提出，农产品流通方式要创新，全国农产品市场体系要加快转型升级，鼓励电商、商贸、物流、金融等企业参与涉农电子商务平台建设，完善全国农产品流通骨干网络。政府对生鲜电商的扶持也标志着生鲜电商具有广阔的发展前景。中国冷库总容量在 2010 年为 6000 多立方米，到 2014 年发展到 8000 多立方米，冷库的发展为生鲜电商的发展提供了一定基础；2015 年，生鲜电商发生多起融资事件，其中我买网融资 2.2 亿美元，爱鲜蜂融资 7000 万美元，百果园融资 4 亿元等，大量资本涌入生鲜电商，为行业发展提供了源泉。数据显示，2015 年 1~10 月生鲜类人均消费达到 339.7 元，高于其他品类消费，其中蔬菜水果销售额最高占生鲜总体的 55.2%。2013 年中国生鲜电商交易额达 130 亿元，冷链宅配规模达 39 亿元，这说明目前生鲜电商正处于成长时期，通过不断推进，消费者会逐步建立网购生鲜的消费习惯，未来生鲜电商将迅猛发展。

在人们的日常生活中，生鲜农产品占有重要地位，它是消费者主要的食物营养来源。随着经济的快速发展，消费水平的不断提高，人们对生鲜农产品的需求量日益扩大，政府、社会各界都对农业方面投入了很多精力，生鲜农产品的交易也是大家十分关注的问题。事实上，在我国许多地区都存在农产品滞销的现象，信息的不对称导致生产者的产品卖不出去，而消费者也买不到便宜、优质的农产品，特别是生鲜农产品。我国生鲜农产品产区分布范围广、品种种类多，且其生产具有季节周期性、分散性，流通又具有时效性、鲜活性、易腐等特点，消费者对不同地域、不同品种的产品需求越来越多，生鲜农产品行业现如今正处在市场格局发生深刻变化的端口，生鲜农产品的交易方式需要有新的模式，而网络市场则可以很好地满足生鲜农产品的这一需求，可以把不同地区不同品种的产品通过网络物流送到消费者手中，近年来网络市场不断开拓，网购规模逐年增长，为生鲜农产品的网购提供了很好的优势。

生鲜电商起源于 2011 年 10 月淘宝生鲜卖场；2013 年 3 月，1 号店也开始向生鲜领域进军，旗下"1 号果园"率先上线；同年，亚马逊也建立了海鲜频道"鲜码头"；接着在 7 月，京东、中粮我买网等纷纷上线生鲜频道。目前我国已有部分大型农产品基地、深加工企业及流通企业开通了网上零售渠道，以天猫、顺丰优选、一号店、中粮我买网、坨坨公社、优菜网等为首的大中型电子商务网站开始大力运营。生鲜农产品电子商务销售模式在生鲜农产品中的发展也有不可估量的广阔前景。其中区域生鲜电商——家事易，在武汉小有名气，比起其他领域，家事易远远不及淘宝、京东，但是在生鲜领域，家事易却可以称得上是领头羊。家事易开创了全程冷链非当面交付的物流模式。

从2010年开始,家事易踏足生鲜电商市场,仅2年时间就获得了很多的荣誉,在武汉市700个小区铺设了1100组智能电子自提柜,会员15万人,并凭借自身优势,自建全程冷链的物流配送系统,免费给武汉市的一些社区安装自提柜,这些自提柜都是家事易独家研发并且已经获得国家专利保护,从而实现了"电商+冷链快递物流+智能终端取货"的先进商业模式。实现了便民惠农的目的,家事易的会员无论什么时候在家里都可以买菜,并且家事易减少了中间环节,直接连接农民和客户,增加了农民的收入。表6-1是目前存在的生鲜电商的分类统计。市场上基本存在着四种类型的生鲜电商,一是综合性电商平台,以淘宝、京东为例;二是垂直电商,以中粮我买网、坨坨公社为例;三是物流企业,以顺丰优选为例;四是线下超市或农场,以沃尔玛为例。详见表6-1。

表6-1 生鲜电商分类

分类	特点	产品类型	物流配送	代表企业
综合性电商平台	提供平台吸引生鲜厂家入驻——靠平台争天下	全品类	负责监管,由入驻厂家自行配送,多以"泡沫保温箱+低温冰袋"的模式	淘宝(天猫)、京东、1号店、亚马逊
垂直电商	专注于食品和生鲜品领域,自行配送,具有区域性特征	农产品、生鲜食品类	自己有生鲜配送服务,配送范围有限制	中粮我买网、坨坨公社、本来生活网、易果网、天天果园
物流企业	发展生鲜产品冷链配送,为冷链物流铺路	提供服务、生鲜食品	有自己的物流配送体系,并依托物流优势大力发展自己的冷链物流	顺丰优选
线下超市或农场	依托门店,发展线上服务	农产品及生鲜食品类	自行配送	沃尔玛

资料来源:《中国生鲜电商行业研究白皮书》

根据对独立生鲜电商的数据统计分析,目前生鲜电商市场规模还比较小,独立电商2013年销售规模约5亿元,平台电商生鲜商品(蔬菜、水果、鱼、肉、蛋)销售约90亿元。在平台电商中,阿里巴巴增长最快,包括海鲜、水产品、新鲜水果等,但是目前生鲜电子商务的渗透率在1%左右,远远低于电子产品、服饰、化妆品等。生鲜电商正处于快速成长时期,通过不断普及和推广,相信消费者网购生鲜农产品的消费习惯也会逐步建立,这也必将带来生鲜农产品电子商务的快速发展。消费者行为的研究,对于生鲜电商的实际运作具有指导意义,可以帮助生鲜电商企业对自身经营策略进行改进,进行合理的战略规划,改善消费者的购物体验,从而提高消费者参与度,留下已有的消费者并且吸引更多潜在消费者,从而占据较高市场率,并为我国网上生鲜农产品市场的发展繁荣提供一定支持。

第二节　农产品网购行为的影响因素调研

一直以来，社会、政府对农业投注了很大的精力。因此，农产品的交易是社会关注的重要问题，同时也成为政府在制定农业政策时的重要衡量指标。农产品在不断开拓网络市场，寻找新的交易方式。农产品的网购规模以逐年增长的趋势扩大着，农产品的网购已是大势所趋。本节通过问卷调查法、结构方程模型来了解当前消费者网购农产品的意愿，从而为农产品电子商务发展提出政策性建议。

一、调查设计

（一）问卷设计

此次问卷主要分为三个部分，第一部分是消费者网上购物基本情况调查；第二部分是消费者对生鲜农产品属性重视情况调查、感知网站属性测量量表、感知风险的测量量表、感知有用性和感知易用性的测量量表、网购态度和网购意愿的测量量表；第三部分是消费者的个人信息情况调查。

此次问卷在设计量表时，首先通过文献研究、专家和消费者访谈提出了各个因素包含的维度及测量题项。根据本章的初始结构模型设计和六个影响因素间的假设关系，同时借鉴国内外问卷设计方法，为了确保问卷量表的信度与效度水平，最终决定采用利克特5级量表，1表示非常不同意、2表示不太同意、3表示不确定、4表示基本同意、5表示非常同意。下列各表为各个变量的测量问项。

1. 感知风险测量题项

在总结前人研究的基础上，针对生鲜农产品网购特性，本节认为消费者在网购生鲜农产品的过程中存在着时间风险、绩效风险、财务风险、心理风险和隐私风险五个维度，考虑到生鲜农产品的特殊性，加上担心网购的生鲜农产品不新鲜及分量不足这两个问项，共设计12个问项，采用利克特5级量表来测量，数值"1"表示非常不同意，"5"表示非常同意。详见表6-2。

表6-2 感知风险测量题项

感知风险	测量题项
时间风险	担心花很多时间却最终没有购买成功
	担心在信息搜索上或产品配送上耽误时间
绩效风险	担心不能接触产品，导致购买产品不满意
	担心网购的生鲜农产品不新鲜
	担心网购的生鲜农产品分量不足
	担心网购的生鲜农产品价格太高
财务风险	如果采用先付款后送货的方式担心受骗
	担心在线支付时密码被盗而造成经济损失
心理风险	网购生鲜农产品，这个想法让我有点紧张不安
	网购生鲜农产品出现问题时，会使自己心情烦躁
隐私风险	担心个人信息泄露
	担心商家我不知情的情况下滥用我的个人信息

注：各题项设置参考 Jarvenpaa 和 Todd 的研究成果及访谈得到

2. 感知网站属性测量题项

在总结前人研究的基础上，针对生鲜农产品网购特性，本节将从网站信息、网站服务、物流配送及支付属性四个方面感知网站属性。考虑到生鲜农产品的特殊性，增加"我认为网站能够采用冷链物流以保证生鲜农产品的新鲜度"这一问项，共设计 8 个问项，采用利克特 5 级量表来测量，数值"1"表示非常不同意，"5"表示非常同意。如表 6-3 所示。

表6-3 感知网站属性测量题项

感知网站属性	测量题项
网站信息	我认为网站上很容易搜索到需要的生鲜农产品信息
	我认为网站上提供的生鲜农产品信息真实可靠
	我认为网站上提供的生鲜农产品信息能够及时更新
网站服务	我认为网站能够及时回复顾客的问题
	我认为网站售后服务方便，如有问题便于退换货
物流配送	我认为网站送货及时，产品包装完好
	我认为网站能够采用冷链物流以保证生鲜农产品的新鲜度
支付属性	我认为网站支付方便

注：各题项设置通过参考谢卿的研究成果及访谈得到

3. 感知有用性测量题项

感知有用性是消费者相信网购生鲜农产品能够增加购买绩效的程度。本题项设置在参考前人研究的基础上从四个方面进行考量。采用利克特 5 级量表来测量，数值"1"表示非常不同意，"5"表示非常同意。具体见表 6-4。

表6-4 感知有用性测量题项

变量名称	测量题项
感知有用性	网购生鲜农产品能够节约时间
	网购生鲜农产品能够节约金钱
	网购生鲜农产品能够提高效率
	总的来说，网购生鲜农产品能提高效率

注：各题项设置参考修改 Davis 的研究成果得到

4. 感知易用性测量题项

感知易用性是指消费者网购生鲜农产品时感觉到的容易程度。本题项设置在参考前人研究的基础上从 4 个方面进行考量。采用利克特 5 级量表来测量，数值"1"表示非常不同意，"5"表示非常同意。具体见表 6-5。

表6-5 感知易用性测量题项

变量名称	测量题项
感知易用性	通过网络很容易获取想要的生鲜农产品信息
	网站上的查询、订货、付款流程很容易操作
	网购生鲜农产品支付便利，送货到家很方便
	总的来说，网购生鲜农产品是件很方便的事情

注：各题项设置参考修改 Gefen 和 Straub 的研究成果得到

5. 网购态度测量题项

在总结前人对网购态度的基础上，本节从消费者对网购生鲜农产品的正面的、好的、有兴趣的、积极的等正面感受的同意程度来测量消费者对网购生鲜农产品的态度。用利克特 5 级量表来测量，数值"1"表示非常不同意，"5"表示非常同意。具体见表 6-6。

表6-6 网购态度测量题项

变量名称	测量题项
网购态度	对网购生鲜农产品很感兴趣
	网购生鲜农产品很吸引人
	能够接受网购生鲜农产品这种方式
	喜欢从网上购买生鲜农产品

注：各题项设置通过参考修改 Taylor 和 Todd 的研究成果得到

6. 网购意愿测量题项

网购意愿是消费者网购生鲜农产品的精神准备状态。本节从消费者对网购生鲜农产品的愿意程度、是否觉得这种方式能够普及及是否会向别人推荐这种方式等三个方面来进行考量。用利克特 5 级量表来测量，数值"1"表示非常不同意，

"5"表示非常同意。见表6-7。

表6-7 网购意愿测量题项

变量名称	测量题项
网购意愿	愿意通过网络购买生鲜农产品
	认为网购生鲜农产品是完全可以普及的
	会向别人推荐通过网络购买生鲜农产品

注：各题项设置通过参考修改 Turbna 的研究成果得到

7. 产品属性测量题项

本节主要在前人研究的基础上，总结消费者在网购生鲜农产品时会考量哪些因素，这些因素对消费者的重要程度。采用利克特5级量表，数值"1"表示非常不重要，"5"表示非常重要。具体见表6-8。

表6-8 产品属性测量题项

产品属性	产品属性
1.新鲜度	6.包装
2.安全	7.产地
3.价格	8.种类
4.质量	9.购物便利性
5.营养	10.品牌

（二）调查实施

本次研究对象是生鲜农产品的网购，由于生鲜农产品网购处于市场推广初期，对于一般消费者而言这还是一种新兴的购买方式，综合考虑消费者的接受能力和数据的可获取性，所以调查对象主要为具有高等教育水平、对网络购物具有较深了解的中青年群体。此次问卷调研于2015年6~7月利用本科生实践周在南京市栖霞区、玄武区、白下区、秦淮区、鼓楼区、下关区、江宁区七大主城区进行，本章采用的是随机抽样方法，向南京市会网购的消费者共发放问卷620份，当场回收问卷595份，回收率96%，剔除胡乱作答、不完整作答、前后矛盾及答案完全一样的问卷，共得到有效问卷582份，有效率达93.9%，符合Gorsuch认为的样本数量标准。对缺失数据的有效样本，本节采用均值替代法进行处理。

（三）样本基本情况

本节对582份有效问卷中被调查者的性别、年龄、受教育程度、个人月收入等人口统计学特征及社会经济特征进行统计分析（表6-9）。在被调查的样本中，女性占 58.4%，男性占 41.6%，女性稍多于男性，这也是因为大部分家庭女性为主要采购者；年龄在 25～34 岁的消费者占比最高，为 33.5%，其次是 18～24 岁和 35～44 岁的，分别占 32.3%和 22.2%，这也与数据统计网民以年轻人居多相符合；受调查的消费者的受教育程度较高，本科比例最高，占 46.0%，其次是高中/中专和大专，分别占 19.6%和 17.5%，硕士及以上占比 5.8%，三者合计占比 42.9%，因此可知本次样本中大部分人能较好地理解问卷的内容，学历分布符合正态分布，能较好地反映南京市的情况。个人月收入在 2000~4000 元的人数占比最高（40.0%）。在被调查人群中，曾网购过生鲜农产品的消费者占 24.9%。

表6-9 被调查对象的基本特征

指标	分类	人数/人	有效百分比/%
性别	女	340	58.4
	男	242	41.6
年龄/岁	17 及以下	8	1.4
	18～24	188	32.3
	25～34	195	33.5
	35～44	129	22.2
	45～54	43	7.4
	55～64	13	2.2
	65 及以上	6	1.0
受教育程度	小学及以下	9	1.5
	初中	55	9.5
	高中/中专	114	19.6
	大专	102	17.5
	本科	268	46.0
	硕士及以上	34	5.8
个人月收入/元	≤2000	83	14.3
	(2000, 4000]	233	40.0
	(4000, 6000]	183	31.4
	(6000, 8000]	62	10.7
	>8000	19	3.3
是否网购过生鲜农产品	是	145	24.9
	否	437	75.1

资料来源：根据调研结果整理所得

二、消费者网购农产品行为研究

（一）购买生鲜农产品渠道

对 582 位消费者关于购买生鲜农产品渠道这一问题的统计结果（表 6-10）显

示，消费者购买生鲜农产品的主要渠道是农贸市场和商场超市。

表6-10 购买生鲜农产品渠道

购买生鲜农产品渠道	人数/人
农贸市场	354
商场超市	295
社区便利店	154
网络购买	39
农家乐	9
流动小摊贩	112
批发市场	88

资料来源：根据调研结果整理所得

消费者一般不限于单一的购买渠道，通过网络渠道购买生鲜农产品的消费者很少。由此可见，消费者对网上购买生鲜农产品的参与度较低。大部分消费者所选择的还是传统的购买生鲜农产品的方式，这与第一章提到的关于网上购买生鲜农产品的现象描述是一致的。

（二）消费者网购生鲜农产品类型

本章对网购过生鲜农产品的消费者数据进行分析，在网购过生鲜农产品的145位消费者中，网购过的生鲜农产品类型如图6-1所示。消费者购买最多的生鲜农产品是水果类，其次是生鲜蔬菜类和肉类。

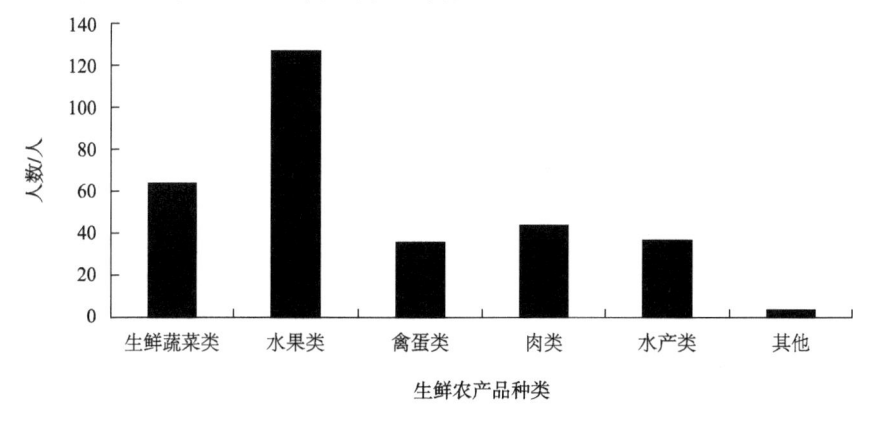

图6-1 网购生鲜农产品种类
资料来源：根据调研结果整理所得

（三）消费者网购生鲜农产品的网站

当前生鲜农产品网站很多，有独立的生鲜电商及各大平台电商。消费者网购生鲜农产品网站选择也很多，图 6-2 是网购过生鲜农产品的消费者选择网站的情况。淘宝网、天猫是消费者选择最多的网站，77.2%的消费者在天猫购买过生鲜农产品，50.3%的消费者在淘宝网购买过生鲜农产品，其次是 1 号店，占比 42%。由此可见，消费者更信任综合性电商平台。综合性电商平台的特点主要是提供平台吸引生鲜食品卖家入驻。而对于中粮我买网、坨坨公社这样的垂直电商，消费者的选择会少些，他们认为综合性电商的产品更有保障。

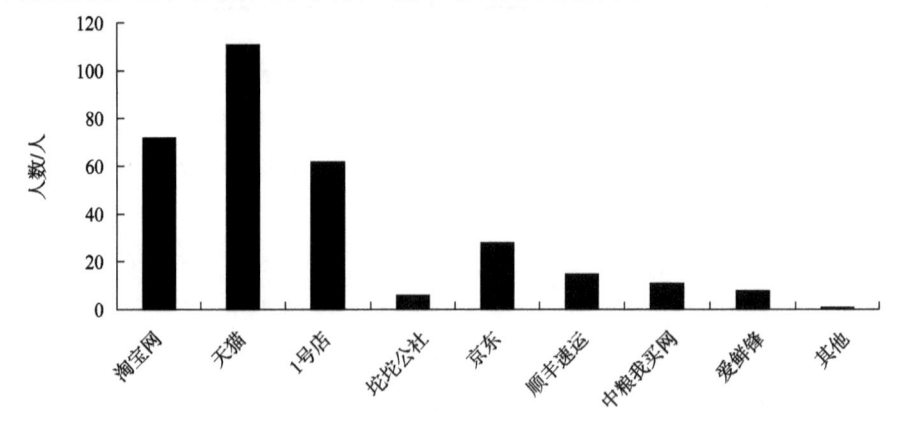

图 6-2　购买生鲜农产品的网站
资料来源：根据调研结果整理所得

（四）消费者不选择网购生鲜农产品的主要原因

在本章实施的调查中，有 75.1%的消费者没有网购过生鲜农产品，虽然有些消费者网购过生鲜农产品，但只有一次尝试就没有再购买过，消费者不选择网购生鲜农产品是有一定原因的。图 6-3 是调查中总结出的消费者不愿意网购生鲜农产品的原因。其中最重要的原因是消费者担心网购的生鲜农产品不新鲜，由于生鲜农产品的特殊性，如果经过物流等环节，可能会造成生鲜农产品变质。在其他原因中大多数消费者担心生鲜农产品在物流过程中损坏。

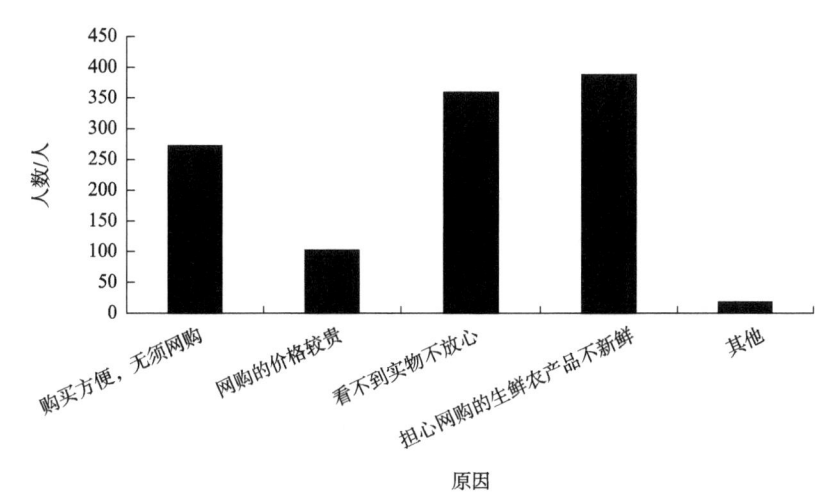

图 6-3　消费者选择不网购生鲜农产品的原因
资料来源：根据调研结果整理所得

（五）网购生鲜农产品金额

由上述统计，网购过生鲜农产品的人数为 145 人，在有网购生鲜经验的人中，购买价格主要集中在 100 元及以下，占比为 52.4%，100~200 元所占的比例为 24.1%，400 元以上占 5.5%，由此可见，目前消费者网上购买生鲜农产品还是偏向于较低金额。具体见表 6-11。

表6-11　网购生鲜农产品的金额

网购生鲜农产品金额/元	人数/人	有效百分比/%
≤100	76	52.4
（100，200]	35	24.1
（200，300]	11	7.6
（300，400]	2	1.4
>400	8	5.5

资料来源：根据调研结果整理所得

三、消费者农产品网购意愿因素研究

本节调研在完成信度和效度分析的基础上，对影响消费者网购生鲜农产品的因素构建结构方程模型。

首先采用验证性因子分析从而分析测量模型的因子载荷，以此来检验观测变量对潜变量的解释能力；其次通过效度检验及综合测量模型拟合度来修正测量模型;最后将潜变量及观测变量导入本章构建的理论模型中进行结构方程分析,从而得到结构方程模型的拟合度和路径系数值。

一般通过以下各项拟合指数来检验模型的拟合程度:CMIN/df[1]、CFI[2]、GFI[3]、RMSEA[4]、NFI[5]、AGFI[6]。

(1) CMIN/df,卡法自由度比。卡法自由度比值越小,模型适配度越好;反之,则适配度越差。一般在 2~5,可以认为模型适配度良好。

(2) CFI,比较适配指数。CFI 值越接近 1,表明模型适配度越好。一般的标准为 CFI>0.9。

(3) GFI,适配度指数,GFI 一般数值介于 0~1,其数值越接近 1,表示模型适配度越好;反之,适配度越差。GFI>0.9,表明模型有良好的适配度。

(4) RMSEA,渐进残差均方和平方根,其值越小,则模型的适配度越好。一般的标准为 RMSEA<0.08,则模型有良好的适配度。

(5) NFI,规范适配指数。NFI 数值大多介于 0~1,NFI 越接近 1,表示模型适配度越好;反之,适配度越差。一般的标准为 NFI>0.9,表明模型有良好的适配度。

(6) AGFI,调整后的适配度指数。GFI 值越大,AGFI 值越大。AGFI 数值介于 0~1,数值越接近 1,模型适配度越好;反之,越差。一般 AGFI>0.9,说明模型适配度良好。

(一)初始结构方程模型的建立

基于调研的理论模型,运用 AMOS 17.0 绘制了初始结构方程模型。如图 6-4 所示。

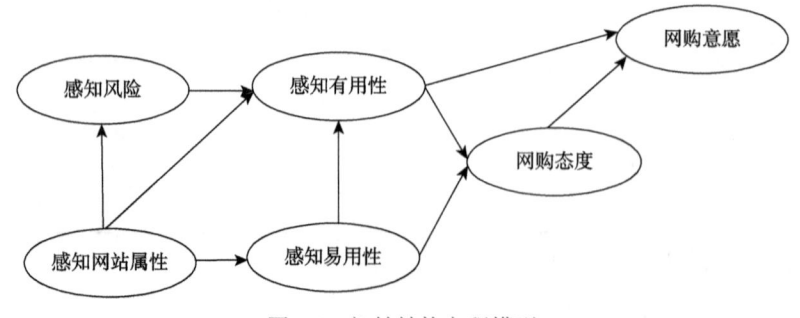

图 6-4 初始结构方程模型

---

[1] CMIN/df 中文全称卡法自由度比。
[2] CFI 全称 comparative fit index,中文全称比较适配指数。
[3] GFI 全称 goodness of fit index,中文全称适配度指数。
[4] RMSEA 全称 root mean square error of approximation,中文全称渐进残差均方和平方根。
[5] NFI 全称 normal of fit index,中文全称规范适配指数。
[6] AGFI 全称 adjusted goodness of fit index,中文全称调整后的适配指数。

（二）初始结构方程模型的检验和修正

运用 AMOS 17.0，采用极大似然法对模型进行参数估计，初始模型拟合结果见表6-12。

表6-12 初始结构模型的拟合度

指标	CMIN/df	CFI	GFI	RMSEA	NFI	AGFI
拟合指数	2.903	0.915	0.885	0.057	0.876	0.864
参考值	(2, 5)	>0.9	>0.9	<0.08	>0.9	>0.9

资料来源：根据调研结果整理所得
注：各项拟合指数名称见上文

由此可得，除了 CMIN/df<5，CFI>0.9，RMSEA<0.08 达到标准外，GFI、NFI、AGFI 均未达标准，模型需要进一步修正。根据 AMOS 模型修正指数（modification indices，MI）对测量误差进行修正，首先对具有较大 MI 值的 e_8、e_9、e_9、e_{10}、e_8、e_{14}、e_{13}、e_{14}、e_{16}、e_{17}、e_{20}、e_{23}、e_{23}、e_{27} 之间的相互关系用双向箭头进行连接，使其发生相关关系。

（三）修正结构方程模型的检验

结构模型进行修正后，结构方程拟合指数如表 6-13 所示：2<CMIN/df <5，CFI>0.9，GFI>0.9，RMSEA<0.08，NFI>0.9 均达标准，AGFI 虽然没有大于 0.9，但是经过修正后，都有所改善，且很接近于 1。GFI、NFI、AGFI 越接近 1，表示模型适配度越好。由此可以证明本模型具有良好的拟合度。

表6-13 修正后结构模型的拟合度

指标	CMIN/df	CFI	GFI	RMSEA	NFI	AGFI
拟合指数	2.298	0.943	0.910	0.047	0.903	0.892
参考值	(2, 5)	>0.9	>0.9	<0.08	>0.9	>0.9

资料来源：根据调研结果整理所得

（四）假设检验及修正后的结构方程

通过极大似然法对结构方程模型进行参数估计（表6-14），结果显示如下。

表6-14 假设检验结果

假设	路径关系	标准化路径系数（β）	C.R.	p	结果
H1	感知有用性<---感知风险	0.001	0.020	0.984	拒绝
H2	感知有用性<---感知网站属性	0.090	1.739	0.082	拒绝

续表

假设	路径关系	标准化路径系数（β）	C.R.	p	结果
H3	感知易用性<---感知网站属性	0.576	9.456	***	支持
H4	感知风险<---感知网站属性	0.348	6.115	***	支持
H5	网购态度<---感知有用性	0.224	2.912	**	支持
H6	网购意愿<---感知有用性	−0.117	−1.868	0.062	拒绝
H7	网购态度<---感知易用性	0.662	7.717	***	支持
H8	感知有用性<---感知易用性	0.744	10.439	***	支持
H9	网购意愿<---网购态度	1.034	13.077	***	支持

资料来源：根据调研结果整理所得

***表示在 p=0.01 水平上显著；**表示在 p=0.05 水平上显著

（1）感知网站属性对感知易用性具有显著的正向影响（β=0.576），故 H3 成立，即如果消费者认为网站属性越清楚方便，信息越容易搜索，有问题越容易解决，则网购生鲜农产品对他来说就是越方便的事情。反之，则越不方便。

（2）感知网站属性对感知风险具有显著的正向影响（β=0.348），故假设 H4 成立，即消费者对网站属性的要求越高，越希望网站能够为他们提供真实可靠的信息，对网站在运输配送方面都有要求，他们则越会认为网购生鲜农产品存在许多风险，包括耽误消费者时间的风险、网购的生鲜农产品不能让他们满意的风险、网购会造成财务损失的风险及担心个人信息泄露的风险。如果网站能够满足消费者的这些需求，消费者的感知风险就会降低。

（3）感知有用性对网购态度的影响在 0.05 水平上显著，故假设 H5 成立，即如果消费者认为网购生鲜农产品有用，能够节约时间、节约金钱、提高效率，就会对网购生鲜农产品的态度更加积极，对网购生鲜农产品更加感兴趣，去接受去喜欢它。

（4）感知易用性对网购态度具有显著的正向影响（β=0.662），故假设 H7 成立；即如果消费者认为网购生鲜农产品的操作流程、支付渠道、物流配送、售后服务等都很方便，他们就会对网购生鲜农产品感兴趣并且喜欢这种方式。

（5）感知易用性对感知有用性具有显著的正向影响（β=0.744），故假设 H8 成立，表明消费者认为网购生鲜农产品比较容易，则会觉得网购生鲜农产品很有用。即如果消费者认为通过网络很容易获取想要的关于生鲜农产品的信息，并且网站上的操作流程很容易，售后服务方便，如果出现问题便于退换货，他就会觉得网购生鲜农产品能为其节约时间、金钱并提高效率，会对他有用。

（6）网购态度对网购意愿具有显著的正向影响（β=1.034），故假设 H9 成立；结论表明当消费者对网购生鲜农产品的态度越积极，其网购生鲜农产品的意愿就越强；反之，则网购生鲜农产品的意愿就会越弱。即如果喜欢网购生鲜农产品并且能够接受这种方式的消费者会愿意通过网络购买生鲜农产品并且会向别人推荐通过网络购买农产品，同时他们也认为生鲜农产品电子商务是完全可以普及的。

通过分析，得出以下结论：消费者网购生鲜农产品的态度直接影响消费者网购生鲜农产品的意愿；感知网购生鲜农产品易用性对感知网购生鲜农产品有用性具有显著的正向影响；感知网购生鲜农产品易用性对消费者网购生鲜农产品的态度具有显著的正向影响；感知网购生鲜农产品有用性对消费者网购生鲜农产品的态度具有显著的正向影响；感知网站属性对感知风险具有显著的正向影响；感知网站属性对感知易用性具有显著的正向影响。

第三节 促进农产品电子商务发展的对策

互联网的发展使得网络购物对消费者来说越来越普及，服装、零食、生活用品、护肤品行业的电子商务都获得了消费者的青睐。国内外学者对于这部分的研究也比较广泛，并且取得了有益成果，但由于生鲜农产品本身具有一些特殊性，它在电子商务领域的发展要晚于其他行业，学者们对于生鲜农产品网购的研究也是少之又少。本章的研究对于改善消费者网购生鲜农产品环境具有重要意义，同时为生鲜电商提供了好的营销建议。通过上一节的实证研究，提出以下对策，以促进生鲜电商企业的快速发展。

一、强化自身优势，吸引消费者

调查发现，大部分消费者能够接受并且愿意接受网上购买生鲜农产品，但是实际购买过的消费者只占 24.9%，这说明只有少数消费者在网上购买过生鲜农产品，网购生鲜农产品存在商机，也充满了挑战。作为一种新型的商业模式，生鲜电商首先应该引起消费者的注意力，推广和普及网购生鲜农产品这种模式，抓住机遇，加大宣传力度，有效吸引消费者的注意力。利用各种大众媒介宣传网购生鲜农产品的优势，生鲜电商只有提供比传统方式购买生鲜农产品更多的优势才能吸引消费者接受并选择它。

二、提高网上购买生鲜农产品易用性

实证分析结果显示，消费者感知易用性会对消费者网购态度产生正向影响，

进而影响消费者网购意愿，所以生鲜电商应该提高消费者网上购买的易用性，让消费者觉得网购生鲜农产品对他们来说很方便，如果消费者感觉到网购生鲜农产品更加便利、内容信息更真实、配送运输和售后服务都很完善，他们就会认为网购生鲜农产品是件方便的事情，从而更愿意选择这种方式。所以，为了鼓励消费者网购生鲜农产品，首先，要提高网站的产品质量，生鲜农产品网上购物的发展必须建立在产品的安全基础上，其次，可以通过网购页面的设计，为消费者提供更高质量的信息，以主题鲜明和有趣等特色吸引消费者浏览，保证信息的丰富性。比如，在网站页面添加一些生活常识、产品的食疗保健作用等对消费者饮食有帮助的信息，并且要保证产品信息的准确性和可靠性，使消费者认可网购生鲜农产品这种方式，为消费者带来愉快的网购体验。

三、做好物流工作，提高物流配送效率

在对消费者不愿意选择网购生鲜农产品的原因调查中发现，大部分消费者不选择的原因是担心网购的生鲜农产品不新鲜，生鲜农产品在物流运输过程中易受温度、时间等因素的影响而产生大量损耗，所以，物流配送环节显得尤为重要，能不能使用冷链物流也是消费者关注的重要因素。考虑到生鲜农产品的特殊性及消费者对配送的高要求，生鲜电商企业应该从消费者的角度出发，针对自身的产品特性和消费者的需求选择合适的物流配送方式，包括自营物流或者选择将物流承包给有能力的第三方，把消费者的物流服务体验放在第一位。生鲜电商在物流配送环节应该根据自身情况，选择适合自己的物流方式，确保将生鲜农产品保质保鲜、完好无损地送到消费者手中。

四、完善网站售后服务

研究结果显示，在生鲜电商企业能提供良好的售后服务的条件下，消费者会觉得网购生鲜能够为其节约时间、金钱并提高效率，也就是说，消费者对网购生鲜的态度更加积极，网购生鲜能够赢得消费者信赖，使消费者买得更加放心，进而提高消费者网购生鲜农产品的意愿。因此，良好的售后服务是赢得消费者信任的重要因素，其中，生鲜农产品的售后问题包括产品新鲜度出现问题时商家的退换货处理流程，物流配送引起的生鲜产品腐烂等。如果商家的售后服务态度好，并且能够及时有效地为消费者解决问题，这会提高消费者下次购买的意愿。

五、降低成本，适当降低价格并做好市场细分

生鲜电商目前规模不大，大部分以高端产品为主，价格都不低，调查显示，消费者在网购生鲜农产品时对价格因素看的也很重要，但也不是所有的消费者都只关注价格，所以未来生鲜电商在高端产品的市场上，应该做好定位，不同商品针对不同消费者制定不同价格。而在普通生鲜产品市场上，生鲜电商具有与传统生鲜商同等的产品，所以在价格方面要实现与传统生鲜购买商持平甚至更低的价格，才能有效地吸引消费者。所以，未来的生鲜电商发展可以从产地出发，整合产业链，利用统一生产、统一配送、统一销售、大数据以销定产，从而稳定价格。

第七章　基于消费者的河蟹物流管理研究

湖蟹，又称河蟹，是 2010 年以来我国水产养殖的主要热点之一。20 世纪末，由于河蟹的价格优势和市场的扩大，吸引了大批的农、渔民参与养殖，河蟹迅速成为江苏省水产养殖的热门。

2010 年全国渔业统计年鉴显示，2009 年全国的淡水养殖产量为 22 164 606 吨，江苏省的淡水养殖产量为 2 806 535 吨，占全国总产量的 12.66%；2009 年，全国淡水养殖面积为 5 423 825 公顷，江苏省为 552 621 公顷，占全国 10.19%的比重；2009 年，全国河蟹的养殖产量为 574 235 吨，江苏省的河蟹养殖产量为 287 294 吨，占全国 50.03%的比重，在全国 31 个地区中名列第一；2009 年，全国各地区的水产苗种数量统计显示，河蟹青苗的全国产量为 787 521 千克，江苏省的产量为 626 611 千克，占全国 79.57%的比重。从统计数据中不难看出，江苏的河蟹产业在全国范围内占据着绝对的优势。因此，发展好江苏省的河蟹产业对于带动江苏省渔业经济的发展、推进农民致富具有重大的意义。

2012 年，河蟹被纳入 2009~2012 年江苏省水产养殖十大主推种类。江苏省具有天然的淡水养殖优势，湖泊众多、水网密集，是我国重要的河蟹生产基地。江苏省各地的螃蟹品牌可谓数不胜数——"阳澄湖大闸蟹"成为我国原产地保护品牌；"太湖清水大闸蟹"异军突起；"固城湖螃蟹"更是众多品牌中的一匹黑马；大纵湖、洪泽湖、高邮湖、宝应湖、邵伯湖等地的螃蟹也受到市场青睐，不少地方还拉出了一条长长的"螃蟹产业链"。河蟹是江苏省第一个产值过百亿的水产养殖产业。江苏省把河蟹养殖做成了一个大产业，无论是从品牌的知名度，还是从市场的认可度来看，都走在全国前列。近年来，各种丰富多彩的螃蟹文化节庆活动也风生水起，大大丰富了大众的业余文化生活，同时也为江苏省河蟹品牌的推广起到了推波助澜的作用。

但是，河蟹市场也存在着大闸蟹评判标准缺失、各种假冒伪劣产品充斥市场、消费者权益无法保证等问题，消费者对河蟹产品、河蟹品牌的评价褒贬不一，品牌信任度不高，严重影响了河蟹产业的正常发展。

本章主要从消费者行为角度阐述河蟹产业发展状况，研究江苏省河蟹消费者行为，对河蟹的物流管理进行分析，进而提出促进河蟹物流管理发展的对策。了解消费者对河蟹产品的认知和购买决策过程，从而帮助扩大河蟹产品的推广范围，提升产业链水平，进一步促进江苏省河蟹产业的发展。

第一节 河蟹产业发展状况

一、我国河蟹产业发展

河蟹学名中华绒螯蟹（eriocheir sisensis），属于名贵淡水产品，是我国特有的名优水产品。河蟹在学术上称短尾下目，动物界节肢动物门，甲壳纲、十足目、爬行亚目、方蟹科、弓腿亚科、绒螯蟹属。河蟹的种类很多，中国蟹的种类就有600多种。

河蟹具有一定的食疗价值，它的肉和内脏富含蛋白质、脂肪和维生素，能续筋接骨、活血行淤、利湿退黄、解漆毒。它的壳富含碳酸钙、蟹红素、蟹黄素、甲壳素和蛋白质等，可用于跌打损伤、损筋折骨、血淤肿痛、妇人产后血瘀腹痛、湿热黄疸等。河蟹也具有一定的医用价值，它有养筋益气、理胃消食、散诸热、通经络、解结散血的功效。

我国有近5000年的吃蟹历史。在长江三角洲地区，考古工作者在对上海青浦的淞泽文化、浙江余杭的良渚文化发掘时发现，在我们先民食用的废弃物中就有大量的河蟹蟹壳。这表明中国人吃蟹的历史悠久。在西欧、北美的一些国家，人们至今还不敢吃河蟹。吃蟹作为一种闲情逸致的文化享受，是从魏晋时期开始的。《世说新语·任诞》记载，晋毕卓（字茂世）嗜酒，间说："右手持酒杯，左手持蟹螯，拍浮酒船中，便足了一生矣。"这种人生观、饮食观影响了许多人。从此，人们把吃蟹饮酒，赏菊赋诗作为金秋的风流韵事，并渐渐发展成聚集亲朋好友，有说有笑地一起吃蟹，这就是"螃蟹宴"了。东汉郭宪撰写的《汉武洞冥记》卷三有："善苑国尝贡一蟹，长九尺，有百足四螯，因名百足蟹。煮其壳胜于黄胶，亦谓之螯胶，胜风啄之胶也。"《太平御览》引《岭南异物志》云："尝有行海得州渚，林木甚茂，乃维舟登崖，系于水旁，半饮而林没于水，其缆忽断，乃得去，祥视之，大蟹也。"隋炀帝以蟹为食品第一。《清异路》记载；"炀帝幸江都，吴中贡糟蟹，糖蟹。每进御，则上旋洁拭壳面，以金缕龙凤花云贴其上。"经过长期的历史沉淀，国内有名的蟹类有阳澄湖大闸蟹、固城湖大闸蟹、梁子湖大闸蟹、天津紫蟹梭、子蟹和南湖蟹。

自河蟹的人工育苗成功后，我国的河蟹产量迅速上升，主要分布在长江、辽河、瓯江流域。2012年，我国的河蟹生产从最初的资源流放型养殖向现在的集约化高密度养殖发展，从分散型向地域集约化发展。2009年的统计资料显示，全国河蟹养殖涉及全国30个省（自治区、直辖市），面积达66.7万公顷，产量达53万吨，产值达280亿元，已成为淡水渔业单品种产值最大的产业。

河蟹作为我国特种水产养殖业的主要品种迅速崛起，养殖规模不断扩大。无论是水面养殖面积、企业数量还是河蟹产量上都呈现出规模化发展，同时养殖水平也在稳步提高。河蟹养殖业有利于调整农村产业结构，提高农民的收入，是我国渔业生产中发展最快、最有特色、最有前景的支柱产业。在长江中下游等地区，河蟹是重要的养殖对象，其产业经营机制也在不断创新，融入了公司化、股份制等一些现代企业元素，呈现出良好的发展势头，河蟹业逐渐成为一些地区现代农业的主导产业。河蟹产业的快速发展，不仅为小龙虾、甲鱼等现代高效养殖业发展提供了可借鉴的路径选择，同时也为蔬菜等其他农业产业的发展提供了有益的启示。

2012年我国的河蟹产业还处于稳定而快速发展时期，形成了比较成熟的河蟹市场。在水产品的初级原始产品中，还很少有产品能形成比较完整的、以原产地保护为手段的品牌竞争市场，而河蟹却是个例外。在水产品无品牌的市场状况下，河蟹生产企业则注重品牌的创立，为水产品的可持续发展做出了表率。但同时，我国的河蟹产业仍然在自身产业结构、产业科技原创力、河蟹产品质量、产业组织程度和多元化投入机制方面存在着一定的问题。

（一）产业自身结构不合理

2012年，我国的河蟹产业主要集中在生产养殖环节。9、10月份集中上市，季节性强、受市场影响大、效益波动大。河蟹的深加工发展相对缓慢，仅局限在蟹黄包子、醉蟹等初级加工产品上，与生产发展不适应，不利于拉动产业的发展。同时，落后的流通服务和发展缓慢的现代市场流通方式，制约了河蟹产业的进一步发展壮大。

（二）产业科技原创力不强

河蟹天然资源衰竭，再加上无序、过度的捕捞，河蟹产业物流紊乱。不同水系间河蟹的盲目引种和苗种无序流动,种苗业鱼目混珠,造成河蟹品质杂乱、种质严重退化,蟹苗质量不高。由于科技投入不足,河蟹养殖、河蟹加工新技术、河蟹饵料和河蟹专用药等在不同程度上处于滞后状态,无法进一步显现产业优势,后劲不足。

(三)河蟹产品质量亟待进一步提高

随着经济的快速发展,工业、生活和农业污染加剧了渔业水域的污染。由于生产者养殖技术有限,河蟹多病害,乱用药、滥用药和违规用药的情况时有发生,无法保证养殖河蟹的质量安全。如果不能提供安全河蟹产品,河蟹产业将失去市场竞争优势,出口创汇更是空谈。比如,2001年在香港发生的江苏省"抗生素毒蟹"风波,致使江苏省河蟹在国内外市场的竞争力严重受损。

(四)产业组织程度低

河蟹生产经营方式主要以一家一户小规模分散养殖为主。养殖技术落后,生产经营规模小,缺少具有号召力的龙头企业和具有市场竞争力的品牌产品,无法应对千变万化的国内外市场。

(五)多元化投入机制不够健全

对河蟹产业发展投入不足,多元化投入机制不够健全,部分政策措施落实不到位,制约着产业基础设施的建设,进而阻碍河蟹产业发展规模的进一步扩大。

二、江苏省河蟹产业发展状况

江苏省是中外闻名的鱼米之乡,有1040公里的海岸线和270多万亩沿海滩涂。长江、淮河两大河流由此入海。境内江河沟渠纵横交错,太湖、洪泽湖、高宝邵伯湖、骆马湖等湖泊星罗棋布。内陆水域面积173万亩,占全省总面积的16.9%,发展河蟹育苗和河蟹养殖有着得天独厚的优势。我国河蟹主产区为江苏、浙江、上海、安徽、湖北等华中、华东地区,其中江苏省的"苏蟹"在产量上占据了全国的半壁江山。据统计,2011年全国螃蟹总产量64万吨,其中江苏省产量30.5万吨,占了近一半,成为江苏省最具特色和优势的特种水产业之一。2011年江苏省河蟹养殖情况见表7-1。

表7-1　江苏省2011年河蟹养殖情况表

地级市	面积/公顷	产量/吨
南京	26 081	23 457
无锡	10 402	11 194
徐州	6 146	6 243
常州	20 098	25 043
苏州	31 023	30 477
南通	13 804	22 948
连云港	633	2 017
淮安	21 755	18 565
盐城	23 394	34 560
扬州	31 188	30 680
镇江	4 436	3 731
泰州	38 432	49 638
宿迁	29 239	46 887
合计	256 631	305 440

资料来源：江苏省农业农村厅

河蟹也是江苏省主要的养殖和出口创汇品种之一，产品涉及江苏省13个市，地方特色明显，是江苏省淡水渔业的支柱产业。江苏省是河蟹的发源地和主产区，平均每年出口河蟹近千吨，出口额达2500万美元。二十世纪末，成千上万的农、渔民在高收益的驱使下参与河蟹养殖，河蟹养殖很快成为江苏省近年水产品养殖的热点。人们利用稻田、苇田、坑塘、水库、沟渠、河流等各种水域进行河蟹养殖。河蟹生产带动了饵料生产、苗种孵化、放养看护、贩运销售、贮存加工和餐饮服务等多个环节的发展，安置了大量的农村劳动力。河蟹产业的兴起，使江苏省实现了社会效益和经济效益双丰收，河蟹真正成为江苏省农、渔民致富的"黄金产业"。2010年以来每年河蟹养殖面积都在不断增加，河蟹已被纳入2009~2012年江苏省水产养殖十大主推种类。

（一）抓产业化培育

江苏省通过规划引导，推动河蟹生产向优势产区集中，向专、精、优、强方向发展，在省内形成了沿海蟹苗、蟹种产业带，沿江、湖和里下河地区形成蟹养殖区的格局。同时，依靠龙头企业、合作经济组织、行业协会等市场竞争主体的带动，细化产业分工，引导河蟹生产从单一的产中环节，扩展到产前、产中、产后等各个环节；从单一的养殖，扩展到加工、储藏、包装、运输、育种、服务等多个门类。使河蟹产业实现多环节、多层次增值，逐步达到自我积累、自我发展的目标。

（二）抓生态化建设

实行"大环境保护，小生态修复"，全面推广应用河蟹生态化健康养殖的模式。进一步强化对长江口河蟹苗种资源的监测与保护，严格控制捕捞强度，促进天然苗种资源的恢复与增长。不断加强对湖泊、池塘等河蟹养殖重点水域的监测，防范水域生态环境污染。在太湖、阳澄湖等湖泊实施网围养殖综合整治，大幅度压缩网围养殖面积，大力实施池塘水循环利用工程和养殖生态环境修复示范工程，改善和保护河蟹养殖水域生态环境。认真开展渔业生态保护与修复工作，组织实施河蟹人工增殖放流，建立了一批省级中华绒螯蟹种质资源保护区。

（三）抓标准化生产

不断完善河蟹质量标准体系，实行标准化生产，先后制定和颁布了10余项地方质量标准。广泛宣传健康生态养殖和标准化生产理念，引导渔农民调整养殖思路，实现河蟹生产从"量大"到"重质适量"的转变。坚持源头管理和强化过程控制，推行投入品塘口记录和用药处方制度，对投入品严格监管。强化河蟹产品质量监测，建设并初步形成了渔业质量安全监测体系。积极推行"依标生产、基地准出、市场准入"制度，把各项标准贯穿于河蟹生产、加工、流通全过程，真正实现全程质量控制。

（四）抓科技化武装

建立健全河蟹科技创新体系，通过技术创新和集成，大力开展河蟹品种选育、规模化养殖、病害防控、药物饲料、产品深加工等相关技术的研发。从产业链各个环节寻求技术突破与技术升级。不断加快科技成果的转化应用，提高水资源利用率和单位面积产出率。加大技术培训力度，培养了一大批有文化、懂技术、会经营的新型渔民，提高河蟹产业从业人员的综合素质。不断强化河蟹检验检测和病害防治等公共管理与服务体系建设力度。

（五）抓组织化经营

积极支持河蟹养殖大户、市场经纪人等发挥自身优势，牵头领办专业合作社。在统一质量安全标准和生产技术规程、统一投入品采购供应、统一产品和基地认证认定、统一品牌、包装和销售等方面为合作社成员提供服务，提高河蟹产业发展的组织化程度。鼓励合作社向河蟹渔资供应、成果推广、加工运销一体化方向发展。对规模较大的河蟹企业，通过公司制、股份制改造，优化资金结构，提高管理水平，培育了一批国家级和省级龙头企业。

（六）抓品牌化发展

江苏省河蟹产业始终倡导品牌化发展战略，以品牌规范生产、开拓市场。在品牌注册、品牌整合、品牌战略实施、品牌价值评估和品牌带动推进等方面做了大量行之有效的工作。全省现有河蟹中国驰名商标 3 个，省级以上品牌产品 20 个。全省各河蟹主产区也纷纷通过展示、展销等活动，利用电视、广播、报纸、网络等媒体，推介品牌，宣传品牌，扩大河蟹产品知名度，将品牌优势转变为市场优势。中国河蟹养殖第一县、中国螃蟹之乡、中国河蟹养殖大王等称号相继落户江苏省。

（七）抓信息化监管

在江苏省各渔业重点产区推动信息服务点建设，通过手机短信、电视电话和互联网等媒介及时向渔民发布产业政策、供求信息、防病治病技术、市场价格等方面的信息，提高他们对信息化知识的应用水平。大力发展精准渔业、感知渔业、智能渔业，在规模化河蟹生产基地开展水产养殖物联网技术的示范应用。不断加强流通领域的信息化建设与改造，扶持建设了一批跨区域、专业化的河蟹交易市场、网站和平台。积极发展蟹产业物流，开拓连锁经营、配送销售、网上交易等，推动河蟹营销方式由传统模式向电子化方向发展。

（八）抓市场化引导

江苏省河蟹产业始终坚持以市场为导向，引导生产者和经营者按照不同消费群体的要求，用差异化的产品赢得整个消费市场。狠抓河蟹苗种生产，实施"来料加工"，占领了全国 90%以上的苗种供应市场。通过扩大生产、提高技术，解决了广大普通消费者食蟹难的问题；通过优化布局、强化管理、品牌整合、产业化开发等，打造了一批精品河蟹；同时在包装、运输、交易、支付等方面进行专业化服务与创新，满足了高端消费者的需求；通过政府搭台、企业唱戏的方式，开展各类品牌推介与经贸活动。

第二节 江苏省河蟹消费者行为研究

中华绒螯蟹,俗称河蟹,在我国分布广泛,其肉味鲜美细嫩,蟹黄蟹膏独具风味,作为美味佳肴,自古以来备受人们的青睐。河蟹营养丰富,富含多种维生素、蟹红素、蟹黄素等,并且具有食疗作用。随着人民生活水平的提高,河蟹逐渐走上了寻常百姓的餐桌,消费者对河蟹的需求越来越多。河蟹成为我国近几年来水产养殖的主要热点之一,我国河蟹市场呈现出迅猛发展的趋势。江苏省湖泊众多,水网密集,自然条件得天独厚,是我国重要的河蟹生产基地。江苏省把河蟹养殖做成了一个大产业,河蟹成为江苏省第一个产值过百亿的水产养殖产业,是江苏省农副产品中的第一大产业。

随着河蟹产业的迅猛发展,学术界对河蟹等水产养殖的研究也越来越多,但主要集中在养殖技术方面,对产业、市场、消费者角度研究相对较少。本节通过对江苏省河蟹消费者进行抽样问卷调查,从消费者角度对河蟹的消费者行为进行分析,并且进行实证研究,分析了河蟹消费者的购物习惯、对品牌认知、购买河蟹的决策过程、对质量的认知、对包装和广告的认知,了解了影响消费者购买和消费河蟹的主要因素。

一、调查设计

本章实施的调查参考了国内外有关消费者购买行为分析的相关实证研究成果和问卷设计方法。调查问卷的内容涉及消费者个人基本资料、消费者对河蟹消费产品的认知、消费者对河蟹的消费行为三大部分。

(一)问卷设计

调查问卷涉及的主要内容包括:消费者基本信息,即消费者的性别、年龄、教育程度、收入情况等;消费者购买河蟹的地点;消费者购买河蟹的数量;消费者购买河蟹的用途;消费者食用河蟹的做法;影响消费者购买河蟹的因素;消费者喜欢或不喜欢河蟹的原因;消费者对购买河蟹的包装偏好;消费者对购买河蟹质量的不满意率;消费者对购买河蟹不满意的处理方式;消费者对购买的河蟹不满意的原因；消费者对河蟹品牌的认知；消费者接触河蟹广告的途径；消费者对阳澄湖大闸蟹的认识；消费者喜欢阳澄湖大闸蟹的原因；消费者不喜欢阳澄湖大闸蟹的原因；阳澄湖大闸蟹改进措施等。

调查主要采用随机访问的形式，考虑到被访者层次的广泛性和随机性，问卷中大量采用选择题的形式，这样便于被访者回答，同时有利于对消费者的态度和行为进行测量。

（二）调查实施

本章实施的调查方法主要是抽样调查法和随机访谈法。对调查对象进行随机抽样调查，"以点带面"，获得的信息具有代表性和可靠性，并且时间短、费用少。以江苏省的河蟹消费者为主要调查对象，按各个地级市的人口比例进行抽样，最终由于调查人手的局限，对各地级市的抽样比例进行了一定的调整。在调查的具体实施过程中，选取了多个地点，如农贸市场、超市和农贸批发市场等。

调查中，首先，选择了南京作为预调查点。选取了不同的年龄、身份的市民进行了调查访谈，从而判断问卷的合理性，进行修正。其次，按照调查样本在江苏省进行全面的调查。按分层逐级抽样和随机抽样相结合的方法进行抽样调查，以居住在江苏省各个城市的河蟹消费者为调查对象，包括不同的年龄、性别、职业、教育程度、收入水平等的消费者。样本的层次性主要体现在地级市——县级市，基本覆盖了江苏省13个地级市、27个县级市。本章实施的调查在2010年7月~2011年1月完成，共发放问卷800份，剔除无效问卷后，回收有效问卷达763份。数据经过审核、录入，最后，用SPSS 16.0进行了分析。

（三）样本基本情况

本章所选用的数据是对江苏省13个地级市的调查所得。此次调查共发放问卷800份，回收有效问卷763份，问卷的有效回收率为95.4%，具体见表7-2。

1. 各地级市的具体样本分布

表7-2　样本分布情况

地级市	人数/人	有效百分比/%
常州	31	4.1
淮安	52	6.8
连云港	68	8.9
南京	11	1.4
南通	116	15.2

续表

地级市	人数/人	有效百分比/%
苏州	86	11.3
宿迁	13	1.7
泰州	100	13.1
无锡	85	11.1
徐州	58	7.6
盐城	78	10.2
扬州	47	6.2
镇江	18	2.3

资料来源：根据调研结果整理所得

2. 调查样本中男女分布情况

本章实施的调查形式主要是随机访问形式。在调查过程中，对于被访者的性别、年龄、收入等都不做要求。调查显示，在763份回收问卷中，填写性别的有726份，其中男性消费者331位，女性消费者395位。具体分布见表7-3。

表7-3 调查样本中男女分布情况

性别	人数/人	有效百分比/%
男	331	45.6
女	395	54.4

资料来源：根据调研结果整理所得

3. 调查样本中消费者的年龄分布情况

在回收的样本问卷中，有729份问卷填写了年龄，其中18~34岁的年轻消费者占59.6%，而55岁及以上的老年消费者只占4.4%，其他的是35~54岁的中年消费者。具体分布见表7-4。

表7-4 调查样本中消费者的年龄分布情况

年龄/岁	人数/人	有效百分比/%
18~24	233	32.0
25~34	201	27.6
35~44	162	22.2
45~54	101	13.9
55~64	19	2.6
65及以上	13	1.8

资料来源：根据调研结果整理所得

4. 调查样本中消费者的教育分布情况

共有727份问卷填写了学历，本科及以上学历占比最多，达334份，小学、初中、高中共有198份。见表7-5。

表7-5 调查样本中消费者的学历分布情况

学历	人数/人	有效百分比/%
小学	16	2.2
初中	55	7.6
高中	127	17.5
中专	64	8.8
大专	131	18.0
本科	305	42.0
研究生	29	4.0

资料来源：根据调研结果整理所得

5. 调查样本中消费者的收入分布情况

在回收的样本问卷中，被调查者的家庭年收入主要集中在3万~7万元的水平，有350份，而家庭年收入达11万元以上水平的有173份。具体分布见表7-6。

表7-6 调查样本中消费者的收入分布情况

收入/万元	人数/人	有效百分比/%
≤3	110	14.4
(3, 7]	350	45.9
(7, 11]	130	17.0
(11, 13]	86	11.2
(13, 15]	43	5.6
>15	44	5.8

资料来源：根据调研结果整理所得

二、河蟹消费者行为分析

（一）购买河蟹的地点分析

如表7-7所示，在菜场购买河蟹的消费者所占比例最多，为36.5%，超市、水产品批发市场次之，分别为25.4%、14.0%。这主要是因为菜场、超市及水产品批发市场的河蟹比较新鲜，而且在城市里，超市分布广泛，且生活用品种类多，价格适中，是百姓经常光顾的地方。

表7-7 消费者购买河蟹地点

购买地点	人数/人	有效百分比/%
超市	190	25.4
专卖店	100	13.4
菜场	273	36.5
展销会	6	0.8
流动摊贩	36	4.8
生产地	27	3.6

续表

购买地点	人数/人	有效百分比/%
水产品批发市场	105	14.0
其他	11	1.5

资料来源：根据调研结果整理所得

（二）购买河蟹数量

调查表明，购买5~10只河蟹的比例最多，占40%，购买10~15只的占24%左右，购买5只以下的占10%。说明消费者习惯购买5~10只河蟹，对河蟹的一次性需求量并不是很大。

从表7-8中可以看出购买单个河蟹重量为二两[①]、三两的比重最大也最接近，其次是购买四两、五两的河蟹比例较高，较少人购买五两以上和低于二两的河蟹，说明消费者在日常生活中一般选择购买重量为三至五两较为适中的河蟹。

表7-8 购买单只河蟹的重量

单只重量	人数/人	有效百分比/%
少于二两	35	4.6
二两（100克）	232	30.4
三两（150克）	233	30.5
四两（200克）	107	14.0
五两（250克）	82	10.7
高于五两（>250克）	41	5.4
缺失值	33	4.3

资料来源：根据调研结果整理所得

（三）购买河蟹用途

一般而言，河蟹消费者购买河蟹的主要用途是自己吃和家人吃，还有就是作为礼品赠送他人。但是，我们需要统计下这两种消费途径的比重问题。经随机调查统计，自己吃和家人吃的比重是86.6%，而作为礼品赠送他人的比重是13.4%。具体见表7-9。

表7-9 调查对象购买河蟹的用途

购买用途	人数/人	有效百分比/%
自己吃	136	18.2
家人吃	512	68.4
作为礼品赠送他人	100	13.4

资料来源：根据调研结果整理所得

---

① 1两=50克。

尽管将河蟹作为礼品的比重不是很大，占整体消费的 13.4%。但是，我们还需要分析把河蟹作为礼品的比重大概是多少，因为，很多现有的研究表明，礼品的概念对品牌选择是有重要影响的。经过调查研究发现，消费者购买河蟹作为礼品的平均比重为 28.314%。具体见表 7-10。

表7-10 消费者购买河蟹作为礼品的比重的描述统计

名称	样本数/人	极小值	极大值	均值	标准差
礼品比重	573	0	1	0.28314	0.266889

资料来源：根据调研结果整理所得

（四）食用河蟹做法

根据调查结果（表 7-11）可知，大部分消费者食用河蟹时都喜欢自己做，比重高达 79.8%，只有 20.2%的消费者食用加工好的。消费者普遍认为河蟹买来自己做比较划算，而且卫生，加工好的河蟹一般没有自己做得好吃，而且比较贵，质量方面也比较没有保障。

表7-11 消费者对食用河蟹的做法的选择

做法	人数/人	有效百分比/%
自己做	596	79.8
加工好	151	20.2

资料来源：根据调研结果整理所得

（五）消费者喜欢或不喜欢河蟹的原因

根据调查结果（表 7-12 和表 7-13）分析，96%的消费者是因为河蟹味道鲜美而购买，其次是他们认为河蟹有营养；对于不喜欢吃河蟹的原因，36%的消费者表示是因为河蟹价格高，34%的消费者表示是因为河蟹吃起来麻烦。

表7-12 消费者喜欢吃河蟹的原因

原因	认为是首要原因/人	认为是次要原因/人	认为是第三原因/人	总人数/人	百分比/%
味道鲜美	359	27	2	388	96
有营养	25	29	2	56	14
吃起来有情趣		1		1	0
档次高	4	2		6	1
零脂肪	1	1		2	0
送人体面	3	1		4	1
没理由	6			6	1

续表

原因	认为是首要原因/人	认为是次要原因/人	认为是第三原因/人	总人数/人	百分比/%
家人喜欢	2	1		3	1
肉多	3			3	1
合计	403				

资料来源：根据调研结果整理所得

表7-13 消费者不喜欢吃河蟹的原因

原因	认为是首要原因/人	认为是次要原因/人	所择该原因的总人数/人	百分比/%
价格高	33	1	34	36
吃起来麻烦	30	2	32	34
腥	9		9	9
不吃水产品	5	2	7	7
不卫生	3		3	3
过敏	3		3	3
性寒	3		3	3
没理由	2		2	2
不新鲜	2		2	2
胆固醇高	1		1	1
蟹黄蛋白太高	1		1	1
不宜多吃	1		1	1
购买难	1		1	1
太瘦	1		1	1
合计	95			

资料来源：根据调研结果整理所得

（六）消费者对购买的河蟹的包装偏好

市场上河蟹的包装种类五花八门，消费者也都有自己喜爱的河蟹包装。调查（表7-14）显示，在众多种类的包装中，消费者喜爱的前几名包装为：散装、盒装、网兜、捆绑。其中散装的包装方式最受喜爱，其次为盒装和网兜包装，这为商家对河蟹包装的选择提供了重要的参考意见。

表7-14 消费者喜欢的河蟹包装类型

包装类型	人数/人	有效百分比/%
散装	92	30.5
盒装	37	12.3
网兜	36	11.9
捆绑	26	8.6

续表

包装类型	人数/人	有效百分比/%
袋装	23	7.6
无包装	13	4.3
竹篮装	13	4.3
不注重包装	8	2.6
真空	8	2.6
随便	7	2.3
纸装	7	2.3
简装	6	2.0
草笼子	7	2.3
罐装	5	1.7
平常的	4	1.3
礼品精装	3	1.0
冷冻	3	1.0
普通	1	0.3
保鲜效果好	2	0.7
好看、精美	1	0.3

资料来源：根据调研结果整理所得

如表7-15所示，消费者喜欢某种包装类型的最主要原因是便于携带，其次是因为可以保鲜，然后是便于挑选、干净、容易辨别、环保等。由此，商家可利用消费者的不同心理，在保证方便易携带的基础上，对包装的设计还要注重细节，如在外观、安全性等方面下一些功夫，吸引消费者的注意。

表7-15 消费者喜欢各种包装类型的原因

原因	首要原因/人	次要原因/人	第三原因/人	总人数/人	百分比/%
便于携带	65	9		74	31
保鲜	30	2		32	14
便于挑选	22	2		24	10
干净	21			21	9
容易辨别	18		1	19	8
环保	13	3	1	17	7
美观	14			14	6
实惠	12	1		13	6
送礼体面	4	3		7	3
安全，保险	7			7	3
简单	5			5	2
易于观察	3	1		4	2

续表

原因	首要原因/人	次要原因/人	第三原因/人	总人数/人	百分比/%
大家都这样	4	1		5	2
不掉退	4			4	2
不会夹到手	3			3	1
有档次	3			3	1
健康	2	1		3	1
原生态	1	2		3	1
习惯					
便宜	1			1	
大方	1			1	
省力	1			1	
卫生	1			1	
合计	235				

资料来源：根据调研结果整理所得

（七）消费者对购买的河蟹质量的不满意率

根据消费者行为理论，消费者购买产品的满意度会严重影响消费者对该产品、品牌的评价。因此，考察消费者对以前河蟹消费的满意度有利于商家了解整个河蟹消费行业的满意率，从而更进一步的提高质量、降低价格等。而且消费者对之前河蟹消费的不满意率对消费者购买品牌河蟹也是有一定影响的。根据对744份有效问卷的统计分析，发现不满意率在20%及以下的有539份，占72.4%。由表7-16可以看出，消费者对河蟹产品质量的评价还是比较高的。

表7-16 消费者对购买的河蟹质量的不满意率

概率/%	人数/人	有效百分比/%
0	50	6.7
(0, 10]	305	41.0
(10, 20]	184	24.7
(20, 30]	79	10.6
(30, 40]	72	9.7
>40	54	7.3

资料来源：根据调研结果整理所得

尽管消费者对河蟹消费的不满意率比较低，但是仍然有27.6%的消费者不满意率在20%以上。据调查，消费者对所购买河蟹不满意的主要原因是河蟹不新鲜，其次口感不好、价格贵，此外，质量不好、肉不肥，个儿小、有外伤、公母、假货多、蟹黄少、外观不好、服务态度不好等都是导致消费者对所购河蟹不满意的因素，但所占比重均较小，可见消费者更注重河蟹的新鲜程度、味道和价格。消费者一旦有不满意，就会采取相应的处理措施。如表7-17所示，通过文献的查阅及相关的访谈，我们发现，一般而言，消费者处理不满意河蟹的措施主要有以下几种：①仔细选择；②更换店家；③更换品牌；④要求赔偿；⑤买便宜的产品；⑥腌制河蟹；⑦放弃购买。

表7-17　消费者对购买的河蟹不满意的处理方式

处理方式	样本数	极小值	极大值	均值	标准差
仔细选择	693	1	6	5.30	1.322
更换店家	670	1	6	4.32	1.648
更换品牌	674	1	6	4.14	1.639
要求赔偿	666	1	6	3.44	1.868
买便宜的产品	659	1	6	2.36	1.610
腌制河蟹	666	1	6	2.32	1.710
放弃购买	660	1	6	2.11	1.588
有效数量（列表状态）	651				

资料来源：根据调研结果整理所得

调查结果显示（表7-17），消费者最多的是选择沉默，他们会在下次购买河蟹的时候进行仔细选择，较多的消费者会选择"柔和"的处理方式，如更换店家、更换品牌等。实践表明，消费者的这些不满意地处理方式对于店家和河蟹的品牌建设是非常不利的。

（八）消费者对河蟹品牌的认知

如表7-18所示，在有效的704份问卷中，对购买河蟹有品牌偏好的消费者共105人，占14.9%，无品牌偏好的有599人，占85.1%。总体来说，消费者对河蟹的消费品牌偏好情况较低。

表7-18　消费者在购买河蟹过程中的品牌偏好情况

有无品牌偏好	人数/人	有效百分比/%
有品牌偏好	105	14.9
无品牌偏好	599	85.1

资料来源：根据调研结果整理所得

（九）消费者接触河蟹的广告途径

在了解完消费者对河蟹消费过程中的品牌偏好问题之后，还希望了解消费者是如何接触到河蟹的相关信息的。平时都是哪些广告途径影响消费者对河蟹的认知和了解情况的。我们列举了传统的三大媒介，包括电视、报纸、广播，又增加了互联网和邮件这两个新型的传播媒介，还包含了螃蟹节这一特色的传播途径。但是，调查显示，消费者接触的广告信息并不是很充分。只有电视和螃蟹节相对较高。说明，我们在扩大河蟹的消费、提高河蟹的品牌知名度方面还需要进一步的加强。具体分布见表7-19。

表7-19 消费者接触河蟹广告的途径

接触河蟹广告的途径	人数/人	极小值	极大值	均值	标准差
电视	627	1	4	2.70	1.193
螃蟹节	629	1	4	2.66	1.255
报纸	628	1	4	2.40	1.235
互联网	602	1	4	2.33	1.177
广播	585	1	4	2.10	1.123
邮件	582	1	4	1.81	0.993

资料来源：根据调研结果整理所得

（十）消费者对阳澄湖大闸蟹的认知

阳澄湖大闸蟹作为江苏省河蟹品牌中的优秀产品，闻名全国。考察消费者对阳澄湖大闸蟹的了解情况，有利于对河蟹品牌的知名度形成客观的评价。调查显示，消费者对阳澄湖大闸蟹的了解程度还是比较高的，达到61.0%。具体分布见表7-20。

表7-20 消费者是否知道阳澄湖大闸蟹

是否知道阳澄湖螃蟹	人数/人	有效百分比/%
知道	447	61.0
不知道	286	39.0

资料来源：根据调研结果整理所得

消费者对阳澄湖大闸蟹普遍认同的特征如表7-21所示。

表7-21 消费者普遍认同的阳澄湖大闸蟹的特征

特征	认为是首要特征/人	认为是次要特征/人	认为是第三特征/人	总人数/人	百分比/%
青背	6	1	1	8	5
黄毛		3	1	4	3
白肚	5	3	1	9	6

续表

特征	认为是首要特征/人	认为是次要特征/人	认为是第三特征/人	总人数/人	百分比/%
金爪子	1	1		2	1
个大肉肥	83	2		85	58
金毛	1			1	1
口感好	11	9	3	23	16
肉多		1	1	2	1
形状		1		1	1
色泽	9	4	1	14	10
安全	1	1		2	1
标志	9	4	1	14	10
青毛		1	1	2	1
价格贵	1			1	1
蟹壳和标记都有阳澄湖大闸蟹的特点	8	3	1	12	8
壳青带黄	1		1	2	1
好看				0	0
有名	2	2		4	3
信誉好	1			1	1
新鲜	2	4		6	4
质量	1	2		3	2
柔嫩		1	1	2	1
爪子金黄	1			1	1
品牌	1			1	1
专卖店	1			1	1
结实			1	1	1
蟹黄多	1	2	1	4	3
毛多	1			1	1

资料来源：根据调研结果整理所得

如表 7-21 所示，个大肉肥和口感好是最为突出的两大特征。一是消费者对阳澄湖大闸蟹的特征有基本一致的看法。二是阳澄湖大闸蟹以味美、肥大的特点在消费者心中形成品牌代表特征。

根据调查结果（表 7-22）可知，消费者喜欢阳澄湖大闸蟹的原因包括：品质好、味道鲜美、名气大、个儿大且肥、养殖环境好、大家说好、安全、蟹黄多、正宗、高档、营养好、汁多、信誉好、干净、新鲜、便宜等。其中味道鲜美、品质好、名气大、个儿大且肥、信誉好这五项较为显著。说明阳澄湖大闸蟹的好吃是大家公认的。而价格高和假货多则是消费者普遍会考虑的问题，其中价格高是消费者不喜欢阳澄湖大闸蟹最主要的原因。这说明在营销阳澄湖大闸蟹时应适当考虑降低价格，或者分价格等级出售。

表7-22　消费者喜欢阳澄湖大闸蟹的原因

原因	认为是首要原因/人	认为是次要原因/人	认为是第三原因/人	总人数/人	百分比/%
品质好	23	6	1	30	19
味道鲜美	65	21	2	88	57
名气大	24	3		27	17
个儿大且肥	13	8		21	14
养殖环境好	2	1		3	2
大家说好	1			1	1
安全		2		2	1
蟹黄多	4			4	3
正宗	2		1	3	2
高档		1		1	1
营养好	3	2		5	3
汁多	2			2	1
信誉好	7	3	1	11	7
干净	1			1	1
新鲜	8			8	5
便宜			1	1	1
合计	155				

资料来源：根据调研结果整理所得

消费者针对大闸蟹的销售现状提出了17种改进方案（表7-23），所有改进措施中最突出的两项是降价和加强防伪工作，说明价格高和假货多是影响阳澄湖大闸蟹销售的主要原因。企业需要在这两方面进行改进，扩大阳澄湖大闸蟹的消费群。

表7-23　阳澄湖大闸蟹的改进措施

措施	首要措施/人	次要措施/人	第三措施/人	总人数/人	百分比/%
降价	69	3		72	48
加强防伪工作	22	1		23	15
增加供应量	5	1	1	7	5
货真价实	8			8	5
增强品质	10	3		13	9
更肥些	1			1	1
物美价廉	5	1		6	4
更健康	5	2		7	5
改善包装	1			1	1
生态养殖	7	1		8	5
黄多些	1			1	1
提高知名度	1			1	1
个儿更大	3	3		6	4
味更美	2	1		3	2
多分档次				0	0

续表

措施	首要措施/人	次要措施/人	第三措施/人	总人数/人	百分比/%
没有建议	8			8	5
提高产量	1			1	1
合计	149				

资料来源：根据调研结果整理所得

三、影响消费者购买河蟹的因素统计分析

根据消费者购买决策理论，发现有很多因素会影响消费者的购买决策。通过对河蟹的特征、商家的特征等相关因素的分析，本节主要选择了河蟹的新鲜程度、口感、质量、绿色无公害、色泽、价格、商家信誉、外伤、公母、形状、大小、品牌、亲友专家媒体意见、原产地标记、喜欢以前的、包装等影响因素来进行衡量。统计表明，消费者在河蟹的消费过程中，新鲜程度和口感是影响消费者购买河蟹的主要因素。其次质量、绿色无公害、色泽、价格等因素也是影响消费者购买河蟹的重要因素。具体分布见表7-24。

表7-24 影响消费者购买河蟹的因素统计分析

影响因素	人数/人	均值	标准差
新鲜程度	701	5.23	1.234
口感	687	5.06	1.313
质量	690	4.94	1.312
绿色无公害	690	4.93	1.436
色泽	698	4.84	1.427
价格	707	4.71	1.443
商家信誉	688	4.60	1.756
外伤	683	4.59	1.514
公母	690	4.55	1.586
形状	689	4.54	1.516
大小	688	4.50	1.517
品牌	692	4.09	1.736
亲友、专家、媒体意见	682	4.04	1.578
原产地标记	678	4.04	1.677
喜欢以前的	679	3.97	1.630
包装	687	3.62	1.694

资料来源：根据调研结果整理所得

本章实施的调查样本覆盖面广，与其他河蟹研究相比，本调查更注重从消费者的角度出发，基于消费者行为进行实证研究。通过调查，得出以下结论。

菜场及水产品批发市场的河蟹比较新鲜，是购买河蟹的重要场所。在城市里，超市的分布广泛，且里面出售的生活用品种类多，是百姓经常光顾的地方。一般来说，超市所卖的产品正规，合格，价格适中，也是消费者购买河蟹的主要场所。

消费者一般一次为家人每人购买 2 只左右河蟹。由于河蟹重量大，价格高，消费者一般购买二、三两左右的河蟹。消费者购买河蟹大部分是家人吃，同时也有 13.4%的消费者将其作为礼品赠送他人，这说明河蟹由于价格高，相较于购买给家人吃，购买者自己吃的概率较低，大都作为招待品招待亲朋好友食用。消费者喜欢自己做河蟹吃。

消费者对所购买的河蟹不满意的主要原因是河蟹不新鲜，其次口感不好、价格贵、质量不好、肉不肥、个儿小、有外伤、公母、假货多、蟹黄少、外观不好、服务态度不好等都是导致消费者对所购河蟹不满意的因素，但所占比重均较小，可见消费者更注重河蟹的新鲜程度、味道和价格。消费者购买河蟹时最看重的是新鲜和口感。保证河蟹新鲜是最关键要素。消费喜欢散装和盒装的螃蟹，主要是因为便于携带、保鲜、便于挑选。调查显示，消费者购买河蟹不满意时，较多的消费者会仔细选择、更换店家、更换品牌等。实践表明，消费者的这些不满意的处理方式对于店家和河蟹的品牌建设是非常不利的。螃蟹品牌偏好率较低。电视广告和河蟹节是消费者获得河蟹信息的重要手段。

第三节　河蟹的物流管理分析

基于江苏省河蟹消费者的问卷调查得出结论，本章从河蟹的流通渠道、运输、存储、包装销售和信息渠道等方面，对河蟹的物流管理进行分析、研究。

一、河蟹的流通渠道

河蟹作为一种高价值、活体流通、活体消费的特种淡水养殖品，其流通渠道与其他农产品有很多不同，合理的流通渠道对于保证河蟹质量、减少流通费用、提高流通效率有重要作用。根据调查，目前消费者购买河蟹的主要地点在市场或超市，河蟹主要经批发市场流通，其流通过程大致可分为三个阶段：生产地集货、消费地批发市场交易和零售。

河蟹的流通渠道主要有三种，如图 7-1 所示。

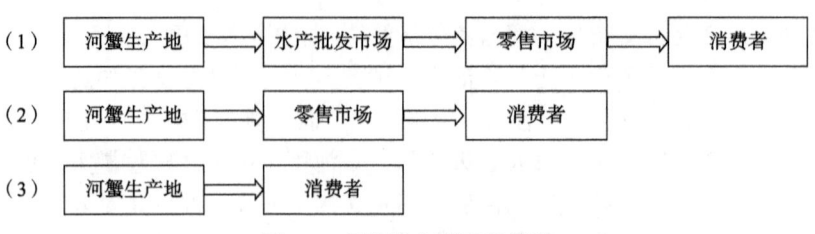

(1) 河蟹生产地 → 水产批发市场 → 零售市场 → 消费者

(2) 河蟹生产地 → 零售市场 → 消费者

(3) 河蟹生产地 → 消费者

图 7-1　河蟹的主要流通渠道

第一种流通渠道占比80%以上；第二种流通渠道占到全年销量的15%左右，这一渠道的河蟹通过河蟹市场、超市等特色零售市场进行销售；5%左右的河蟹通过第三种渠道流通。主要以"河蟹节"的形式出现，由主办方直接与产地联系货源。但随着河蟹原产地意识的加强，盛产河蟹的高淳等地已开始拓展产地直销。

通过调查，消费者注重河蟹的鲜活，而由于河蟹是活体流通，流通环节损耗大，因此河蟹生产地（货源地）距批发市场或零售市场的距离和其在市场上的河蟹数量明显呈反比，距离市场越近的地区的河蟹越具有竞争优势。以南京市场为例，市场内固城湖地区的河蟹数量最多、养殖面积大、产量高、距离近。批发市场给河蟹生产者和消费者提供了货物交易和信息交互场所，但是并没有根本解决供需双方的运输和储存问题，亟待真正意义上的河蟹物流业的发展。零售市场以超市或农贸市场为主，面向更多的消费者。

将河蟹流通渠道按照批发商的进货方式和出货方式不同主要分为三种类型，如图7-2所示。

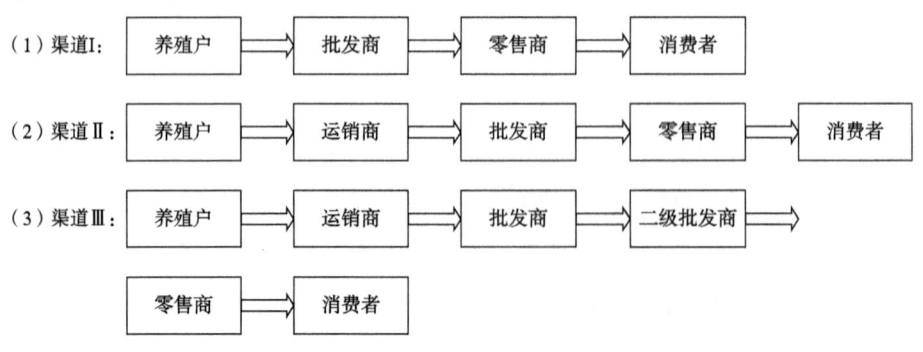

(1) 渠道Ⅰ: 养殖户 → 批发商 → 零售商 → 消费者

(2) 渠道Ⅱ: 养殖户 → 运销商 → 批发商 → 零售商 → 消费者

(3) 渠道Ⅲ: 养殖户 → 运销商 → 批发商 → 二级批发商 → 零售商 → 消费者

图 7-2　河蟹流通渠道的类型

从以上三个渠道可以看出，以现有的销售方式，河蟹从养殖户到最终消费者，要经过很多环节，一方面对于河蟹的成活率和新鲜度的保持有很高的要求；另一方面过多的中间环节使得河蟹的价格在不断攀升，而新鲜度不高和价格偏高是影响消费者购买河蟹的重要因素。

二、河蟹的运输

河蟹属鲜活商品，消费者对其保鲜和色泽要求很高，所以在物流运输过程中需要快速流转。因为其鲜活性的要求，还需要采用冷藏和冷链进行运输和储存，公路运输距离控制在 200 公里以内，以最大限度保持河蟹的新鲜程度和成活率，充足供应市场，满足消费者对河蟹的要求。

（一）蟹苗的运输

河蟹的品质是消费者购买河蟹时考虑的最根本的因素，因此蟹苗质量不仅是影响蟹种培育成活率的关键因素，也是成蟹质量的根本所在。在选购优质大眼幼体时，除注重品系外，也应注重质量，对质量的把握总的来讲应做到"三看一抽样"。一看蟹苗个体大小是否一致；二看蟹苗体色是否一致——呈黄褐色，具有光泽者为佳，颜色不一致或体色透明发白者为差；三看蟹苗活动能力，用手抓取一把轻捏后放开，能迅速散开者为佳，散开慢者为差。最后抽样检查，随机称取 1~2 克蟹苗，折算数量，每千克 14 万~20 万只为正常，14 万~16 万只为优质苗，22 万~26 万只为劣质苗。

蟹苗运输是人工养殖河蟹过程中的重要环节。因为蟹苗个体小，抗逆性差，运输过程中稍不小心就会造成大批死亡，因此要特别重视蟹苗运输。

运输蟹苗的方法较多，一般采用蟹苗箱运输法。用 1.5~3 厘米厚的木板，做成长 0.63 米、宽 0.46 米、高 0.1~0.15 米或长 0.45 米、宽 0.36 米、高 0.1 米的长方形框架，每侧开有一个 3.5 厘米×28 厘米（或 14 厘米）的长方形窗纱，窗纱网目不大于 0.1 厘米。箱底钉上塑料窗纱或聚乙烯丝织的稀网布。蟹苗箱中间不能有缝隙，防止蟹苗逃跑。每箱蟹苗可装 1 千克，按路途远近增减装运密度。每 5~8 盒叠成箱组，箱顶用木制箱盖，每层之间不得有空隙，防止蟹苗爬逃。装箱前每箱放 20 多只水葫芦，以增加蟹苗的栖息面。放入后必须把蟹苗挑松，防止相挤结团。12 小时的短途运输，中途一般无须喷水，如果气温高，空气干燥，要经常观察蟹苗的潮湿度，要用喷雾筒适当喷洒水雾。但喷水不宜过多，否则蟹苗会结团或粘在苗箱上，造成大批死亡。若路途较远，在途中将蟹苗箱在水中暂放 10 分钟，使蟹苗在水中活动，洗涤鳃上的黏液泡沫，提起沥干水后，挑松苗体，剔除死苗，并清洁箱壁，以提高运输成活率。如用卡车装运，必须用湿草包盖严，防风吹，以免水分蒸发太快而干死蟹苗。雨季运输，要有雨布防雨，以免因蟹苗箱内水过多，把蟹苗身上的刚毛和附肢粘在苗箱的网目上而造成蟹苗死亡。

另外，也可用尼龙袋充氧运输法。用容积为10升的运输鱼苗用的尼龙袋，装入5千克清洁的淡水，加入适量的金霉素作灭菌剂，每袋放蟹苗0.5千克，充入氧气，扎紧袋口，避免漏气，然后放入纸箱、板箱内运输。

各地普遍采用干法运输。即在蟹苗箱或尼龙袋内不装水，而在干燥的情况下，喷少量水雾来湿润。所用的水应是江水或河水，不能用自来水。

（二）成蟹的运输

幼蟹经8次以上脱壳，达到性成熟，体色由浅灰色变为深绿色后即为成蟹。其规格为50~150克/只不等。为了保证成蟹顺利由货源地运至集货市场，应该尽量选择最短距离运输，而在运输前要经过严格的挑选。

一看：将河蟹散放于一定大小的容器中，用眼看，筛选初步合格的河蟹放到另一个容器中。

二试：将第一次选出的河蟹用手抓住第五足，一方面，试试重量，看河蟹是否能一伸一缩上下活动，如果自感重量不够，上下活动不到位，或慢慢伸缩，这种河蟹不能长途包装运输。另一方面，再把抓住的河蟹放到平坦的玻璃板上，河蟹如果横着迅速爬行，说明体质好，可录选；如果原地爬动，或向前爬动，说明体质差，不能长途运输。

三过秤：河蟹质量好坏，不必扒开甲壳看，只需用秤称一下重量，如果河蟹内部卵黄积累不多，那么这种蟹甲壳虽大，但质量不好，肥度不到位，不能长途包装运输。

运输过程中如需要暂养、贮存，暂养用水应符合农业行业标准《无公害食品，淡水养殖用水水质》的规定。运输成蟹一般用竹笼、柳条筐、竹筐、塑料筐、铁丝制成的工具等包装，但无论使用何种工具，都要注意工具与工具之间不能相压，不能直接压到河蟹身上。温度在运输成蟹时非常重要，要尽量保持原来的温度（温差不应超过5℃，必要时用冰降温）。短距离运输时可用草包、麻袋、网袋、木桶装运，层层压紧，不让河蟹爬行，到目的地，如暂不出售，需在10小时内洒水或浸泡水3~5分钟。运输数量多或长距离运输时，则用柳条或竹篾编制的筐、篓及箱装运。运前将蟹洗净，采用50厘米×40厘米×30厘米蟹箱，箱底铺以水草或浸湿的蒲包，将蟹逐只分层平放，每箱可放10~20千克。上部放少量水草压紧，用铅丝钳紧箱盖，防止河蟹在箱内爬动而折断附肢。运输箱四周还可钻上若干个孔，保持箱内有呼吸的空气。当气温较高时，箱内的四个角下要安放小冰块，起到降温作用。装运前要洗净装运工具，装运时注意轻拿轻放，防止挤压，运输途中用湿草包盖在箱的上方和两侧迎风面，避免风吹、日晒、雨淋。途中洒以少量清洁淡水，使箱内的商品蟹保持湿润。

三、河蟹的保"活"

河蟹是一种特殊产品,只能活销,不能鲜销,也不能冷冻后销售。暂养的河蟹待其鳃部排清、肠道排空后,便可装运。消费者购买河蟹最看重的是新鲜和口感,所以为了保证河蟹的成活率及其新鲜度,在整个物流过程中需要注意以下几点。

(一)运输前准备

剔除病残伤弱外,一般短途运输可用湿透水的蒲包或竹篓装运,蟹与蟹之间密实,包口捆紧,使其不得动弹,避免吐沫导致体内干燥而死亡。在运输途中,蒲或篓不能受压或暴晒。长途运输的蟹,一只只用草捆住钳足,摆平叠放,并再加盖保荫,若在蟹群中放些吸水的海绵,效果更好,一般可使蟹成活 4~5 天。

(二)严格分级

收获或收购河蟹,第一件工作就是要分清等级。要求做到"四分开":一是大小要分开。要把达到规格和不符合规格的分开存放,不能混放,小蟹易死亡。二是强弱要分开。蟹壳、蟹腿粗硬的蟹要与壳腿不太硬的分开,壳腿粗硬的生命力强,适于长时间的贮运。三是健残要分开。有残缺和破损的只适合于本地销售或短途运输。四是肥瘦要分开。膘肥肉壮的生命力强,成活的时间也长。

(三)搞好包装

包装容器的选择是否适当对河蟹的成活率影响很大。短途的包装可以简单一些,长途运输的包装一定要完好。目前,多采用筐、笼包装方法。在筐内先衬蒲包,再把蟹放入筐内,力求把蟹放平装满,扎紧使之不能爬动,以免受损。

(四)及时运输

包装完毕的河蟹要抓紧时间运输,时间不能拖得太长。一般情况下,3~5 天内死亡的河蟹较少,超过 5 天死亡的河蟹就逐日增多。短途少量的可用自行车拖运,数量大的就要用机动车船。

（五）加强管理

在运输中要防止日晒、风吹、雨淋，尤其是要防高温，为此，运输车船要设有遮棚，时间过长要洒水降温。由于河蟹是靠鳃来呼吸水中氧气的，所以运输中必须保持河蟹身体湿润。起运前用清净河水泼洒装运工具，使草包及包内河蟹处于潮湿环境。装卸时应注意轻放，禁止抛掷与挤压。运输途中要用湿草盖住笼、筐的上方，两侧和迎风面不要被风吹、日晒。运输 1~2 日中转时，要抽查笼、筐内河蟹的存活情况，发现蟹体干燥，应及时淋水，如死蟹较多则要立即倒筐，拣出死蟹，以防蔓延。一般气温在 20℃左右时，能维持 1 个星期不死或很少死亡。而最好的方法是先用聚乙烯网袋按规格大小、雌雄分开，装入河蟹，蟹腹部朝下整齐排列，放好打上标签后将袋口扎紧，防止河蟹在袋内爬动，然后装入泡沫箱中放入冰块，降温、保温。包装材料应卫生、洁净。

无论是长途还是短途运输，商品蟹运到销售地区后，要立即打开包装袋出售，如确实无法及时销售，应将蟹散放于水泥池或大桶内，最好采取淋水措施保持蟹体潮湿。切忌将大批河蟹集中静养于有水容器中，防止因密度过高，水中缺氧导致河蟹大批窒息死亡。

四、河蟹的包装和销售

我国有 80%以上的河蟹是集中在第四季度上市，并采取活销方式供应市场。这种传统的生产、销售与消费方式，已经远远落后于生产的发展，也很难适应消费日益多样化的需求。因此，巧上市成了增收的一个重要方法。建议在 9 月上中旬，将黄蟹、老头蟹先上市，9 月底~10 月中旬将养殖量的 50%左右集中上市，10 月下旬~11 月在分析市场行情变化后再销售 20%，剩下的 20%左右河蟹囤养至春节销售。这样有方法、有计划的销售才能成功盈利。

上市的大部分河蟹会集中在市场、大型超市和酒店等地点出售，鉴于消费者对于河蟹包装的偏好，建议出售时河蟹直接散卖，或用绳子捆绑。品质高、全国闻名的"阳澄湖""固城湖"等品牌河蟹在出售时会使用统一包装，贴上标签，注明名称、等级、规格、雌雄、净含量、产地、包装日期等详细信息，使用专用包装，在近年来日益增多的河蟹专卖店销售。根据调查，消费者虽然认可品牌河蟹，但由于品牌河蟹价格偏高，在销售时，普通大众消费者并不多。因此，品牌河蟹考虑流向中、高端市场，实现门至门的物流配送服务。当河蟹作为礼品时，消费者会选择相对精致的包装，礼盒包装也是近年来河蟹销售的一个趋势。

当然仅仅靠简单的销售方案是不能完全保证能够得到所希望的最大利益的，还要考虑销售方向。在市场上可以针对所养殖的河蟹的种类来联系主要营销这类河蟹的地方销售商，给他们一定的利益进入当地的市场，为自己的产品找到一个稳定的销货地。同时在网上建立自己的销售网站，现在是互联网时代，所以我们必须要紧跟时代步伐，在网上能得到更多的信息和销售机会。除网上订购外，所谓的"纸螃蟹"成为河蟹销售的一个新的主要方式。所谓"纸螃蟹"就是河蟹的提货券，消费者可以先买此券，待蟹上市后凭券兑换河蟹，其性质功用与中秋前盛行的月饼券一样。其供应链如图 7-3 所示。

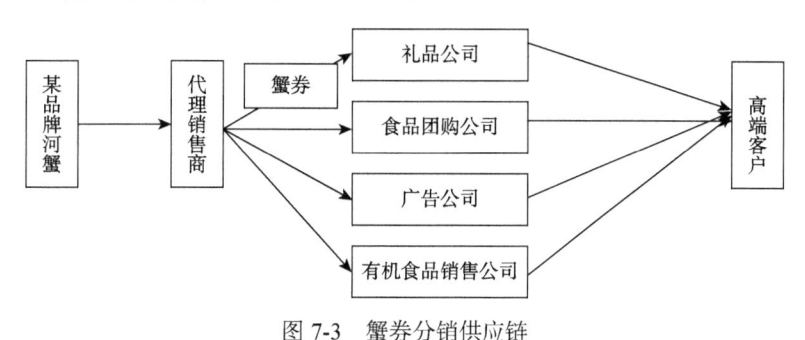

图 7-3　蟹券分销供应链

"蟹券"为商家开创了预付式的经营方式，不易保存和运送的河蟹变成可以随时提取的"期货"，不仅让商家早早获取大量现金，而且使河蟹成为适合中秋、国庆等节日送礼的佳品，大大增加了河蟹的销量，抬高了蟹价。但是仍有很多河蟹销售不出去，这时河蟹深加工就成为新的河蟹销售方法。

一方面，可以将部分河蟹开发成系列食品，如蟹黄酱、蟹黄粉、蟹黄汤料、蟹黄味精、蟹肉干、蟹肉速冻食品、菜肴、副食品、调味品、食品添加剂、风味作料，采用罐装、盒装、袋装等形式，这样河蟹的销售时间会因此延长，不会因为过了销售季节出现河蟹不肥的问题；另一方面，可以开发河蟹的营养和药用价值，河蟹脂肪和碳水化合物含量很高，含有一些宝贵的微量元素，可以提取有效成分，去粗存精，加以浓缩，制成专攻运动员饮用的无激素饮料、冲剂、口服液；或者与其他中西药配伍，制成某些专科专用的片剂、针剂等药品。因此河蟹除鲜食外，开展深加工还具有一定的增值潜力，前景看好。

五、河蟹的信息渠道

消费者主要通过河蟹广告和河蟹节等渠道了解河蟹信息。而河蟹养殖户和养殖企业因为市场信息传递不畅、市场导向不明确，盲目生产，河蟹市场供求失衡，流通渠道混乱，而无序的河蟹市场也增加了河蟹养殖户和养殖企业的市场风险；河蟹物流的信息不畅衔接导致流通渠道不畅，造成了其从供应地到消费地之间处于信息阻断和不透明状态，企业物流成本居高不下，物流效率很低；消费者道听途说得到的有关河蟹信息本身就不明确，加上市场充斥大量假冒伪劣河蟹，使消费者对优质河蟹的质量安全失去了信任；政府由于信息链的断裂及河蟹的分散生产状态，难以进行完全到位的指导与监管，还增加了河蟹的生产监管和质量安全控制成本。

依托互联网和电子商务的飞速发展，河蟹养殖商户可以建立市场，设立统一配送中心，发布电子信息让有资质的河蟹物流企业参与竞争完成物流过程，开通电子平台发布信息，给物流业造就了时间和空间上的便捷，这也是当今社会物流发展的一个重要趋势。

第四节　促进河蟹物流管理发展的对策

河蟹产业已经开始将消费者的需求和行为作为重要的因素来引导河蟹产业的发展，针对不同的消费者行为来创新地进行蟹产品的加工和物流管理，当然，其中还有一些问题亟待解决，如做好良种培育，加强质量、产量认证，提升蟹文化等。

一、明确指导思想，加强河蟹质量监控

质量是任何产品赖以生存的根本，消费者对河蟹质量的高要求促使我们大力建设各物流运输环节互相联系、互相沟通的生产体系，以优质、快捷、高效为主要宗旨，以规模化和产业化为指标，建立长江水系优质河蟹种质库，发掘水系河蟹基因资源，优选大规格亲蟹。而在蟹种优良的基础上，实施监督管理，禁止长江中下游的河蟹亲蟹的捕捞，保护好良好的水资源环境，保护河蟹的天然资源，还原长江河蟹生态环境，将纯长江水系优质河蟹苗种进行人工增殖放流，从源头上保证最可靠完整的资源。

建立河蟹良种大批量生产关键技术和社会保障体系，制定一系列管理技术措施；利用现代分子生物学的原理和方法，发展河蟹良种纯度检测与维护技术，建立选育河蟹良种的"遗传身份证"分子标论；创建河蟹产业物流中心和信息智能系统化技术，以达到控制养殖过程中的标准和质量的目的；同时相关质量部门严

格执法，共同规范河蟹市场。

二、政府宏观调控，加强组织化经营

政府要对河蟹产业进行规划，给出相关的产业标准和质量标准，进行规范化运作，优化产业发展。进一步提高宏观调控能力，加大监控力度，提高河蟹物流企业的进入门槛，在政策上可以适当倾斜，为河蟹物流的发展提供条件，规范物流产业发展秩序，健全物流制度体系，创造公平、公正、公开的市场环境，引入竞争机制，在竞争中加快发展。

积极支持河蟹养殖大户、市场经纪人等发挥自身优势，牵头领办专业合作社，在统一安全标准和生产技术规程，统一投入品采购供应，统一产品和基地认证认定，统一品牌、包装和销售等方面为合作社成员提供服务，提高河蟹产业发展的组织化程度。鼓励合作社向河蟹渔资供应、成果推广、加工运销一体化方向发展，提高流通效率，减少物流损耗。对规模较大的河蟹企业，通过公司制、股份制改造，优化资金结构，提高管理水平。

三、采用先进的物流技术

"新鲜"是河蟹的价值所在，鲜销类产品保鲜期短，极易腐烂变质，大大限制了运输途径和交易时间，因此对运输效率、包装和流通保鲜条件提出了很高的要求。例如，各个流通环节不能衔接；其流通的整个过程不能在恒温或冷藏状态下进行，冷链发展的滞后在相当程度上影响着水产业的流通。

随着我国冷链物流市场的快速发展，国内物流系统技术体系已初步确立。目前仍要不断加大国家冷链标准的研发力度，扩大其应用范围，加强冷链基础设施的自动化程度和流通领域中的保鲜和包装技术，以信息技术为支撑，实施冷链物流供应链集成管理。

四、积极发展多样化的物流服务形式

河蟹物流企业应逐步发展货运代理、连锁经营、商业配送、多式联运、社会化储运服务、流通加工、电子商务等环节的专业化物流服务。综合发展企业对企业（Business-to-Business，B2B）、企业对社交网络（Business-to-SNS，B2S）、企业对消费者（Business-to-Consumer，B2C）等各种物流方式，规划建设大型水产品物流园区，推动水产品物流业向规模化发展。

五、立足产业优势，加强品牌建设

基于调查发现，从目前江苏省整体河蟹产业的品牌程度角度来看，消费者对河蟹品牌的认知程度虽然薄弱但在逐渐加深。发展壮大江苏省的河蟹产业必然要走上一条品牌化的道路。江苏省的河蟹产业不论是在产业竞争力还是在产业规模上，都是全国领先水平。要立足这一优势，加强品牌建设。比如，江苏省的阳澄湖大闸蟹已经走出江苏省，闻名全国，但是还不够。正所谓"一枝独秀不是春，百花齐放春满园"。我们要充分发挥品牌集聚的优势，全力打造多个全国知名品牌。通过品牌化来带动产业化发展。做大做强河蟹产业，从而带动江苏省水产经济的发展，全力打造一条强省、富民的新型产业化路子。

六、加快健全河蟹市场物流信息服务系统

互联网和电子商务的飞速发展使河蟹物流信息平台应运而生，为参与河蟹物流的各方提供了一个共享协作模式。大力引进物流技术，加速河蟹物流信息化建设。通过物流流程重组，合理开发物流信息资源及建立企业物流信息系统和决策支持系统。同时，加快物流与信息技术、电子商务的融合，推动物流信息网络化，构建物流信息共享平台。

第八章 消费者猪肉食品信心研究

  居民生活质量不断提高，在关注食品美味、营养的同时，对食品健康、安全的要求也越来越高。2012年以来，食品安全事件频繁发生，人们对此产生了一定的惶恐。安全问题不仅使人们身体受损，也会影响人们对食品行业的信心，而消费者对食品供应链上各参与者的信任下降，易造成社会的不和谐，阻碍社会的发展。近些年来，我国频繁发生食品安全事件，食品安全问题对广大消费者的身体造成了极大的损害，导致国外针对我国颁布了贸易禁令、出口壁垒等，甚至我国消费者更加信任进口食品，使得我国在国际上处于不利的地位，进而影响到我国经济的发展和社会的稳定。在我国居民的肉类消费中，猪肉占很大比重。根据联合国粮农组织与经合组织发布的报告可知，在2022年之前，中国将有希望成为猪肉人均消费第一大国。中国在世界上一直是猪肉产出量最多的国家，猪肉在我国的产量也位于各种肉类产量的首位，猪肉及相关产品作为我国居民消费的日常必需品，市场占有率一直很高，保证猪肉的质量安全就是保证居民的身体健康。近年来，关于猪肉的食品安全事件屡屡出现，一些作坊利欲熏心将"问题猪肉"做"假牛肉"卖，流入学校食堂及熟食厂等；一些企业用病死的猪肉进行加工销售，销往食堂、工地、农贸市场、肉制品加工厂等；私宰厂盛行、宰杀设备不符合国家标准、宰杀环境卫生不合格、没有产品检疫合格的印章等。食品安全事故的发生也说明了在养殖环节存在安全隐患，滥用抗生素、兽药残留，这些都会影响消费者对猪肉食品安全的信心。另外，生猪的养殖也存在着污染河流等问题，为增强生猪养殖的安全性，2016年我国在全国范围内限定禁养区，减少了生猪存栏约3600万头。

  前国务院副总理汪洋曾提出，要解决猪肉的食品安全问题，必须通过政府监管、企业负责、公众参与、媒体监督等各个成员和部门的共同努力。可见，要想有效的保障猪肉及其相关产品的质量安全，必须保证供应链上各个环节不出现问题，供应链上每个环节的成员都应该忠于职责，做好与本环节相关的工作，避免食品安全问题的发生，无论供应链上的哪一个环节出现了问题，都可能导致食品安全问题的发生，给消费者身体上和心理上造成不同程度的伤害，最主要的是会影响消费者对食品安全的信心。消费者对猪肉食品安全的信心会受到养猪户、屠宰厂、企业（用肉单位）、政府及媒体供应链上各成员和消费者个人特质不同程度的影响。霍斯金模型是用来分析消费者行为的理论模型，它指出消费者的行为由内部因素和外部因素共同决定，内部因素包括情绪、动机等，这些因素可以被称作消费者的心理因素，是反映消费者信心的因素。所以，从消费者的行为角度分析，如果消费者对猪肉及食品的质量安全缺乏信心，会直接影响到其消费者行为。消费者是市场经济条件下猪肉食品供应链的终端环节，是不容忽视的消费力量。使消费者可以放心地对猪肉进行消费，最重要的是需要使消费者对猪肉及其产品持有信心，这样不仅对人们的身体健康有利，还有利于社会的持续稳定。因此，本章将猪肉作为研究对象，找出影响消费者对猪肉食品安全信心的因素，提高消费者对猪肉的食品安全信心，推动社会和谐发展。

本章主要研究消费者猪肉食品安全信心，对消费者食品安全信心进行概述，通过实地调研消费者猪肉食品安全信心，提出提升猪肉食品安全信心的对策。消费者对猪肉的放心消费，有助于我国猪肉产业的健康发展。

第一节　消费者食品安全信心概述

一、食品安全的含义

食品安全是一个与人类身体健康紧密相关的全球性问题，各国对于食品安全的定义并不完全相同，所以对食品安全的定义并没有形成一个统一的界定。

从广义上来说，食品安全是指食物在食用的过程中不产生任何对身体有害的物质。从狭义上来看，食品安全则指在一定的标准用量、规定的食用方式下长时间的摄入，摄入者不会被发现产生可以观察到的不良反应。

从国家强制要求的标准方面来看食品安全，则要求食品在生产、加工、储存、出售等环节都必须遵从国家标准，不得出现有可能对身体造成危害的物质，给人体造成损伤，甚至对后代产生安全隐患。所以，从国家标准来看，食品安全不仅仅包括生产安全，也要包括经营安全；另外还要确保过程和结果安全、现在及未来的安全。

此外，不同的国家不同的时期所面临的安全事件和治理要求也不同。例如，发达国家所关注的食品安全问题是由科技发展所导致的，转基因食品就是其中一个典型事例；而发展中国家出现的食品安全问题主要是由于市场经济的不成熟和假冒伪劣等非法经营的存在；这样看来，食品安全上升到了社会层面，需要社会来进行治理，这使企业和政府就有了保证食品安全最基本的责任和承诺。政府作为社会的监管机构，有责任和义务来保障食品的安全，此时的食品安全就属于政治的概念。各个国家为了保障食品安全采取了强制性举措，颁布了一些法律以确保更有效地保障食品安全，如英国和欧盟分别于1990年和2000年颁布了《食品安全法》《食品安全白皮书》，日本在2003年也颁布了《食品安全基本法》，从这个角度讲，食品安全是一个政治概念，除此以外，食品安全也是个法律概念。

二、消费者食品安全信心的相关研究

对食品安全的信心，在心理学中，信心被定义为一种心理状态、一种情绪，是人们对事物的一种态度和反映。既然信心是一种情绪，那么不同的情绪则影响着人们对某件事物的信心。而情绪具有动力性，包括增力和减力，增力指的是积极情绪，反之，减力指的是消极情绪。在食品安全环境下，消费者的情绪可以解释为：消费者对其购买行为影响因素的一种反映，当现实的食品安全环境符合消费者期望或者食品供应链各成员的表现让消费者增加或保持乐观的预期时，消费者就会对食品安全产生乐观情绪，消费的动机就会增强；反之，如果消费者对现实的食品安全现状不满意，就会产生消极情绪，购买动机减弱。所以从心理学来讲，决定消费者购买行为的心理因素是消费者情绪。

从总体层面上看，关于信心的研究国内的文献不是太多，而国外学者研究信心的文献比较多。本书中的消费者食品安全信心是指"生活中某种理所当然的态度"，它表现在经过长时间的积累而对某种事物的信任和预期，如果消费者预期达到了，那么消费者就会表现出积极的态度，对食品安全的信心增加，对产品会积极、放心地购买；如果消费者预期没达到，食品也就存在安全隐患。比如，近些年来出现的猪肉食品安全事件的曝光，很显然会给消费者带来一种猪肉不安全的信号，这种情况下，消费者就会对猪肉的安全产生不信任感，进而对猪肉的安全信心降低，进一步减少对猪肉的消费。

三、消费者食品安全信心的影响因素

（一）供应链信任

食品供应链是一个复杂的系统，参与者主要包括养殖户、企业、零售商、监管机构等，所以就会存在消费者和供应链上各成员之间信息不对称的问题，食品的安全保障离不开供应链上的每个参与者，无论哪个环节出现了问题都会造成食品的安全隐患，所以消费者对食品安全的信心主要依赖于供应链上的各成员，只有使其对各个环节进行充分了解，才能增加消费者的信心，打破消费者与各成员之间的信息不对称，有助于增加消费者的信任，进而增加对产品的购买。比如，消费者如果与某销售人员比较熟悉，那么他就会从销售人员那里得到更多关于产品及安全方面的信息，消除心中的疑惑，进而减弱对该产品存在不安全隐患的担忧，增加对销售人员的信任度。再比如，政府作为食品安全的监管部门，对食品安全问题的关注度及处理食品安全事件的能力都将影响消费者的信任，进而影响消费者的信心。

本章认为消费者对供应链成员的信任将会影响消费者对猪肉安全的信心，包括对农户、企业、零售商、政府的信任。主要从供应链上各成员的能力、透明度、关注度这三个维度来表明消费者的信任。当供应链上各个成员有能力解决食品安全事件、积极公开食品安全信息，并诚实面对消费者时，消费者就会对猪肉安全保持乐观的心态。

（二）感知风险

无论是在传统的工业社会还是现代社会，风险每时每刻都在我们身边，但是不同的是风险被人们感知的逻辑。在工业社会，风险具有可感知性，如人们感知风险的逻辑是"我饿"，而在现代社会，人们对风险感知的逻辑是"我害怕"，是人们心理的一种恐慌与担心。风险具有不可感知性，此时消费者就需要获取更多的知识来消除风险，对风险的感知将会影响人们的行为。

对于风险的定义，大多数学者认为是个体遭遇危险或伤害的可能性。感知风险是人们对不好的事情发生的可能性及结果与自身的相关程度的一种主观评估，具有不确定性。

本章研究的是在食品安全环境下的风险感知，对于猪肉产品而言，如果存在安全隐患，人们所要面临的不仅是经济损失的风险，还包括身体受到伤害的风险。消费者在面临身体健康有可能受到损害的风险时，就会对食品安全问题感到惶恐不安，进而就会减少消费以应对风险。

（三）相关危害

对于猪肉产品而言，从生产到最终消费者是一个复杂的体系过程，主要包括的环节有养殖、屠宰、加工、运输、包装、销售及消费等，在整个过程中的相关危害是指养殖过程中，屠宰过程中及加工过程中所有可能的添加物及微生物。比如，养殖过程中使用的饲料中添加激素、抗生素，屠宰过程中对猪肉进行注水，以及加工过程中各种添加剂等。

（四）焦虑特质

消费者个人特质中的焦虑特质对食品安全信心也有一定的影响，同一件事情不同的人有不同的看法，有些人对事物呈乐观态度多一些，有的人则是呈现悲观的态度。本章指的焦虑特质主要是消费者对待事物的担心程度。比如，"我对很多事情都不放心，很多情况我知道不该担心，但是还是无法控制的担心。"此时消费者的焦虑特质就会对食品安全信心产生一定的影响。

第二节 消费者猪肉食品安全信心调研

一、调查设计

本章的实证数据及信息来源于对江苏省南京市六个主城区的实地调研，采用问卷调查的方法，问卷总量共 502 份。

（一）问卷设计

调查问卷主要针对消费者猪肉食品安全信心进行设计，主要借鉴 de Jonge 在加拿大和荷兰消费者食品安全信心的研究中所开发的问卷和量表，并根据我国猪肉产品的实际情况进行修正。问卷采用不记名方式进行，调查问卷的结构可划为三个内容：消费者对猪肉及其相关产品了解的基本情况；消费者对猪肉及其相关产品所拥有信心的总体评价及可能影响信心的因素；被调查者的基本信息。具体情况如下：第一部分消费者对猪肉及其相关产品了解的基本情况，包括 4 个问题，分别是①您听说过哪些猪肉安全事件；②您认为造成目前猪肉安全问题的主要原因是什么；③保障猪肉产品安全，您认为最重要的措施是什么；④假如您购买的猪肉产品出现了食品安全问题，您怎样才能恢复对它的食品安全信心。

第二部分是消费者对猪肉及其相关产品所拥有信心的总体评价及可能影响信心的因素，这一部分作为问卷设计的重点，借鉴了 de Jonge 在调查研究中所开发的问卷和测量尺度，并根据我国猪肉产品的实际情况进行修正，采用利克特5级量表法测量被调查者对可测变量的主观感受，1表示完全不同意、2表示不太同意、3表示不确定、4表示基本同意、5表示完全同意。此部分的内容包括猪肉及其产品使用者安全信心的总体评价，对其可能存在的危害感知，以及对猪肉存在相关危害的重视情况，供应链各成员及监管部门的信任程度及个人特质5个部分，总共43个可测指标。

对于消费者猪肉食品安全信心的总体评价，本问卷设置了4个问题项，通过受访者对每个题项的主观感受程度来判断消费者对猪肉及其产品信心的乐观程度。具体问题项为：①我对猪肉的食品安全表示很乐观；②我相信猪肉是安全的；③我对猪肉的食品安全现状很满意；④总的来说，猪肉是安全的。

消费者的猪肉感知风险，设置了5个可测指标进行测量，分别是：①与其他肉类相比，我认为市场上的猪肉更安全；②我经常担心以高价买到劣质猪肉；③我经常担心所购买的猪肉对我的身体有害；④总担心买到的猪肉质量差会让自己在他人面前难堪；⑤总是担心吃到被污染的猪肉而生病。

猪肉相关危害的关心程度，本节主要选取了瘦肉精、抗生素、激素、微生物、添加剂、注水肉、病死猪来进行探讨。

猪肉及其产品供应链各成员的生产加工方法和监管部门的执行力度则是影响消费者信心的另一个原因，对参与生产加工者的相信程度越高则对其产品的安全性就越有信心，反之亦然。为了进一步验证其影响程度，本问卷对供应链上每一个成员设置了6个观测指标，从信任的能力、透明度、关注度三个维度进行问题的设置，以农户为例，具体问题项为：①我国农户具备生产安全猪肉的能力；②我国农户具有安全生产猪肉的知识和经验；③我国农户会充分公开关于猪肉的安全信息；④我国农户对猪肉的安全非常重视；⑤我国农户向公众提供真实的猪肉安全信息；⑥我国农户向我们提供了安全的猪肉。

消费者猪肉食品安全信心的强弱还可能受到个人特质的影响，通过三个问题来对个人特质进行测量：①对事情不放心；②不应该担心的事情无法控制的担心；③总爱焦虑。

问卷的第三个内容是被调查者的基本信息，包括性别、年龄、受教育情况、家庭年收入、家中有无老人或小孩、家庭所在地。将年龄划分为25岁及以下的青年、26～35岁的中青年、36～55岁的中年和56岁及以上的老年四个阶段；受教育程度对猪肉食品的感知风险存在不同，进而对猪肉食品安全信心的乐观程度也会存在差异；家庭年收入的高低也会影响食用者对猪肉安全的信任度，高收入者可能比低收入者更加重视猪肉安全；家中有无老人或小孩等弱势群体也会影响消费者对食品安全的重视程度，有老人或小孩的家庭可能会更加重视食品安全。

（二）调查实施

本章实施的调查以南京市部分消费者为调查对象，在全面发放问卷之前，在玄武区共发放问卷 50 份，进行预调查，以此来检查问卷设计的合理性，对于收回的预调查问卷数据进行简单的信效度检验，结果显示量表中有几个题项之间没有相关关系，故将此题项进行修改或删除，并进一步完善问卷。根据研究需要及调查区域的全面性，分别在南京市的建邺、栖霞等六个主城区以随机抽样的方式展开调研，由三江学院其中一个班级的学生进行调研，过程中每个区均匀分布，每个区发放问卷 90 份，每个区 6 名同学进行调查，每位同学大概被分到 15 份问卷，6 名同学分别在所在区的超市、农贸市场、商场、街头、景区等地方进行随机调研，男女比例尽可能符合人口学特征。共发放调查问卷 540 份，有效问卷 502 份，问卷有效率达 93.0%。

（三）样本的基本情况

如表 8-1 所示，通过对调查问卷的整理，利用 EXCEL 和 SPSS 17.0 对样本进行了人口统计学特征的统计分析。

表8-1 被调查对象的基本特征

指标	分类	人数/人	有效百分比/%
性别	女	265	52.8
	男	237	47.2
年龄/岁	25 岁及以下	109	21.7
	26～35	197	39.2
	36～55	181	36.1
	56 岁及以上	15	3.0
受教育程度	小学及以下	18	3.6
	初中	112	22.3
	高中或中专	193	38.4
	大专或本科	156	31.1
	硕士及以上	23	4.6
家庭年收入/万元	（1，10]	432	86.1
	（10，20]	60	11.9
	（20，30]	6	1.2
	（30，40]	2	0.4
	＞40	2	0.4

续表

指标	分类	人数/人	有效百分比/%
家庭成员	有老人	108	21.5
	有小孩	148	29.5
	两者都有	130	25.9
	两者都没有	116	23.1
居住地	城镇	327	65.1
	农村	175	34.9

资料来源：根据调研结果整理所得

性别比例方面，502个样本中，有237名受访者是男性，占比47.2%，265名受访者是女性，占比52.8%，女性略高于男性，具有普遍性。年龄结构方面，样本中，绝大部分小于55岁，其中小于25岁的占21.7%，26~35岁占39.2%，36~55岁占36.1%，56岁及以上仅占3.0%。学历方面，拥有初中学历的被调查者占22.3%，高中/中专共占38.4%，大专或本科共占31.1%，小学及以下和硕士及以上学历比例较小，分别为3.6%和4.6%。

二、信度检验

信度为同一变量的题项内部一致性情况，又称可靠性分析。信度检验主要考察观测变量对潜变量的测量程度，潜变量的信度越高，说明观测变量越能测量出潜在变量。对于潜在变量信度高低的度量，一般使用的是Cronbach's α系数，如果量表需要有个好的信度，那么就需要Cronbach's α系数值大于0.7，Cronbach's α系数值越高，潜在变量的信度就越高，量表有一个好的信度，可以用于结构方程模型的实证研究。如果Cronbach's α系数值小于0.7，则需要对该组指标进行修改。

另外，可以用校正的项总计相关系数（corrected iterm-total correlation，CITC）来评价单个指标信度，如果CITC值大于0.5，则说明该指标的可靠性程度较高，反之，对该指标作修正或删除。

（一）总体信度分析

将调研问卷的数据导入到SPSS 17.0软件中，选择其中的可靠性分析（reliability statistics）功能，对消费者猪肉食品安全信心总体评价的四个题项进行可靠性分析，如表8-2所示。

表8-2 "信心总体评价"可靠性统计量

Cronbach's α	基于标准化项的 Cronbach's α	项数
0.845	0.846	4

资料来源：根据调研结果整理所得

从表 8-2 中的结果可以看出，消费者猪肉食品安全信心的总体评价这个潜在变量的 Cronbach's α 系数值为 0.845，大于 0.7 的标准。另外，由表 8-3 可以看出每个题项的 CITC 的系数值均大于 0.5，所以表示该量表的变量之间有较高的内部一致性，信度良好。

表8-3 "信心总体评价"项总计统计量

选项	项已删除的刻度均值	项已删除的刻度方差	CITC	多相关性的平方	项已删除的 Cronbach's α 值
我对猪肉食品安全表示很乐观	8.41	3.792	0.679	0.497	0.805
我相信猪肉是安全的	8.40	3.490	0.737	0.563	0.778
我对猪肉的食品安全现状满意	8.48	3.620	0.656	0.434	0.814
总的来说，猪肉是安全的	8.18	3.523	0.657	0.453	0.815

资料来源：根据调研结果整理所得

（二）猪肉感知风险信度分析

利用 SPSS 17.0 软件对消费者猪肉感知风险的五个题项进行可靠性分析，结果如表 8-4 所示。

表8-4 "感知风险"可靠性统计量-1

Cronbach's α	基于标准化项的 Cronbach's α	项数
0.671	0.643	5

资料来源：根据调研结果整理所得

从表 8-4 中可以看出，五个题项的 Cronbach's α 系数值为 0.671，小于 0.7 的标准，说明题项之间的内部一致性程度不高。

在表 8-5 中，"我经常担心以高价买到劣质猪肉"这个题项的 CITC 值为 0.480，接近 0.5，在可以接受的范围内。而"与其他肉类相比，我认为市场上的猪肉更安全"这个系数值为-0.108，显然这个题项对问题描述性极差，需要将该指标删除，删除该指标后对剩下四个题项的可靠性进行分析，结果 Cronbach's α 系数值为 0.799，满足大于 0.7 的标准。结果如表 8-6、表 8-7 所示。

表8-5 "感知风险"项总计统计量（a）

选项	项已删除的刻度均值	项已删除的刻度方差	CITC	多相关性的平方	项已删除的Cronbach's α值
与其他肉类相比，我认为市场上的猪肉更安全	13.31	9.251	-0.108	0.013	0.799
我经常担心以高价买到劣质猪肉	12.82	6.363	0.480	0.279	0.595
我经常担心所购买的猪肉对我的身体有害	12.89	5.505	0.666	0.527	0.500
总担心吃到的猪肉质量差会让自己在他人面前难堪	13.12	5.953	0.539	0.344	0.565
总担心吃到被污染的猪肉而生病	12.62	5.345	0.605	0.475	0.524

资料来源：根据调研结果整理所得

表8-6 "感知风险"可靠性统计量-2

Cronbach's α	基于标准化项的Cronbach's α	项数
0.799	0.798	4

资料来源：根据调研结果整理所得

表8-7 "感知风险"项总计统计量（b）

选项	项已删除的刻度均值	项已删除的刻度方差	CITC	多相关性的平方	项已删除的Cronbach's α值
我经常担心以高价买到劣质猪肉	9.94	6.176	0.505	0.279	0.797
我经常担心所购买的猪肉对我的身体有害	10.01	5.245	0.717	0.526	0.696
总担心吃到的猪肉质量差会让自己在他人面前难堪	10.24	5.715	0.578	0.343	0.765
总担心吃到被污染猪的肉而生病	9.74	5.072	0.656	0.474	0.727

资料来源：根据调研结果整理所得

（三）相关危害关心信度分析

利用 SPSS 17.0 软件对猪肉相关危害关心信度的七个题项进行可靠性分析，结果如表8-8所示。

表8-8 "猪肉相关危害关心信度"可靠性统计量

Cronbach's α	基于标准化项的Cronbach's α	项数
0.920	0.920	7

资料来源：根据调研结果整理所得

表8-9显示，反映七个题项内部一致性程度的Cronbach's α系数值为0.920，

大于0.7的标准,变量之间的内部一致性程度较高,同时表8-9显示,单个指标的项总计相关性也都大于0.5,说明每个题项对问题有很好的描述性。不需要对变量进行删除或修改。

表8-9 "猪肉相关危害关心程度"项总计统计量

选项	项已删除的刻度均值	项已删除的刻度方差	CITC	多相关性的平方	项已删除的Cronbach's α值
瘦肉精	23.99	19.463	0.809	0.671	0.902
抗生素	24.15	19.098	0.788	0.659	0.904
激素	23.95	19.540	0.765	0.624	0.906
微生物	24.24	19.688	0.702	0.526	0.913
添加剂	23.97	19.795	0.757	0.590	0.907
注水肉	23.94	19.762	0.739	0.596	0.909
病死猪	23.62	20.251	0.702	0.549	0.913

资料来源:根据调研结果整理所得

(四)供应链上各成员信任信度分析

第一,政府部门信任信度分析。

根据调研问卷的数据,利用SPSS 17.0软件的可靠性分析(reliability analysis)功能将消费者对政府部门的信任程度的六个题项进行可靠性分析。见表8-10及表8-11。

表8-10 "消费者对政府的信任信度"可靠性统计量

Cronbach's α	基于标准化项的Cronbach's α	项数
0.895	0.895	6

资料来源:根据调研结果整理所得

表8-11 "消费者对政府的信任信度"项总计统计量

选项	项已删除的刻度均值	项已删除的刻度方差	CITC	多相关性的平方	项已删除的Cronbach's α值
政府具备监管猪肉的安全能力	15.70	12.552	0.657	0.550	0.886
政府具有猪肉安全监管的知识和经验	15.63	12.229	0.732	0.614	0.875
政府充分发布猪肉安全信息	15.76	11.920	0.738	0.556	0.874
政府对猪肉安全非常重视	15.73	11.669	0.761	0.616	0.870
政府提供真实猪肉安全信息	15.73	11.769	0.754	0.613	0.871
政府有效确保了猪肉安全	15.85	12.597	0.669	0.483	0.884

资料来源:根据调研结果整理所得

由以上结果看出，测量对政府信任信度的六个题项的Cronbach's α系数值为0.895，大于0.7，变量之间具有较高的内部一致性，同时从表8-11中可以看出，单个指标CITC值均在0.5的水平之上，说明每个题项对问题都有很好的描述性，不需要对变量进行删除或修正。

第二，农户信任信度分析。

根据调研问卷的数据，利用SPSS 17.0软件的可靠性分析（reliability analysis）功能将消费者对农户信任程度的六个题项进行可靠性分析，见表8-12。

表8-12　"消费者对农户的信任信度"可靠性统计量

Cronbach's α	基于标准化项的Cronbach's α	项数
0.807	0.854	6

资料来源：根据调研结果整理所得

由表8-12可知，反映消费者对农户信任信度的变量之间内部一致性的Cronbach's α系数为0.807，大于0.7的标准，表示该量表变量之间内部一致性具有较高的可信度，但是表8-13显示，对于"我国农户具备生产安全猪肉的能力"这个题项，其CITC为0.368，没有达到0.5的标准，可以将该变量删除，不将其作为可观测变量进行结构方程模型的实证研究。

表8-13　"消费者对农户的信任信度"项总计统计量

选项	项已删除的刻度均值	项已删除的刻度方差	CITC	多相关性的平方	项已删除的Cronbach's α值
我国农户具备生产安全猪肉的能力	14.47	11.709	0.368	0.154	0.878
我国农户具有安全生产猪肉的知识和经验	14.67	13.315	0.660	0.456	0.761
我国农户会充分公开关于猪肉的安全信息	14.94	13.101	0.655	0.519	0.761
我国农户对猪肉的安全非常重视	14.81	12.892	0.711	0.619	0.750
我国农户向公众提供真实的猪肉安全信息	14.83	13.288	0.687	0.587	0.757
我国农户向我们提供了安全的猪肉	14.70	13.779	0.638	0.465	0.769

资料来源：根据调研结果整理所得

第三，零售商信任信度分析。

根据调研问卷的数据，利用SPSS 17.0软件的可靠性分析（reliability

analysis）功能将消费者对零售商信任信度的六个题项进行可靠性分析，结果见表8-14。

表8-14 "消费者对零售商的信任信度"可靠性统计量

Cronbach's α	基于标准化项的Cronbach's α	项数
0.826	0.868	6

资料来源：根据调研结果整理所得

通过表8-14的Cronbach's α系数结果满足0.7以上的标准，各题项的内部一致性有较高的可信度，但是在表8-15中单个指标的测量中，可以看出有五个题项的CITC都大于0.5，只有"零售商提供真实的猪肉安全信息"这个题项的CITC为0.425，小于0.5的限定标准。本书对该指标做删除处理，仅对剩余的五个题项作为观测变量进行结构方程模型的实证研究。

表8-15 "消费者对零售商的信任程度"项总计统计量

选项	项已删除的刻度均值	项已删除的刻度方差	CITC	多相关性的平方	项已删除的Cronbach's α值
零售商具备确保猪肉安全的能力	14.60	15.072	0.629	0.562	0.794
零售商具有安全猪肉知识和经验	14.54	14.799	0.691	0.639	0.784
零售商会充分发布猪肉安全信息	14.72	14.322	0.738	0.618	0.774
零售商对猪肉安全非常重视	14.72	14.043	0.735	0.605	0.772
零售商提供真实的猪肉安全信息	14.66	12.570	0.425	0.198	0.886
零售商向我们提供了安全猪肉	14.67	15.199	0.662	0.496	0.791

资料来源：根据调研结果整理所得

第四，企业信任信度分析。

根据调研问卷的数据，利用SPSS 17.0软件的可靠性分析（reliability analysis）功能将消费者对企业的信任信度的六个题项进行可靠性分析，得到Cronbach's α系数值结果如表8-16及表8-17所示。

表8-16 "消费者对企业信任信度"可靠性统计量

Cronbach's α	基于标准化项的Cronbach's α	项数
0.902	0.902	6

资料来源：根据调研结果整理所得

表8-17　"消费者对企业信任信度"项总计统计量

选项	项已删除的刻度均值	项已删除的刻度方差	CITC	多相关性的平方	项已删除的Cronbach's α值
企业具备生产安全猪肉能力	15.25	12.005	0.649	0.568	0.897
企业可以生产安全猪肉产品	15.28	11.594	0.709	0.628	0.888
企业公开猪肉产品安全信息	15.43	11.348	0.767	0.612	0.879
企业对猪肉产品安全重视	15.44	11.457	0.763	0.629	0.879
企业提供了安全猪肉产品	15.39	11.802	0.757	0.635	0.881

资料来源：根据调研结果整理所得

根据以表8-16和表8-17的结果可以看出，消费者对企业的信任信度这个潜在变量的Cronbach's α系数值为0.902，符合大于0.7的限定标准，各题项之间有很高的内部一致性，单个指标的CITC均达到了0.5的标准，说明该量表具有较高的可信度，不需要对变量进行删除或修改。

第五，焦虑特质信度分析。

根据调研问卷的数据，利用SPSS 17.0软件的可靠性分析（reliability analysis）功能对消费者焦虑特质的三个题项进行可靠性分析，得到Cronbach's α系数值结果如表8-18所示。

表8-18　"焦虑特质"可靠性统计量

Cronbach's α	基于标准化项的Cronbach's α	项数
0.738	0.737	3

数据来源：根据调研结果整理所得

通过表8-18的结果，各题项的Cronbach's α系数值为0.738，符合0.7这个限定，同时表8-19的结果显示，每个题项的CITC值也都符合0.5这限定，表示该量表变量之间的内部一致性具有较高的可信度，不需要对变量进行删除或修改。

表8-19　"焦虑特质"项总计统计量

选项	项已删除的刻度均值	项已删除的刻度方差	CITC	多相关性的平方	项已删除的Cronbach's α值
对事情不放心	5.96	2.300	0.500	0.256	0.722
对事情无法控制的担心	6.14	1.979	0.625	0.394	0.577
总爱焦虑	6.40	2.037	0.567	0.343	0.647

资料来源：根据调研结果整理所得

三、效度检验

效度是指测量值反映所要测量对象的有效性和正确性,测量值的效度越高,就越能体现所要测量变量的真实情况。内容效度是指研究所设置的量表问卷能否有效地反映所要研究的主题,问卷内容覆盖是否全面,主要分为内容效度和构建效度,内容效度的检验一般采用专家评价法,构建效度的衡量主要采用因子分析的方法,通常是以大于 0.5 的因子载荷量作为判定标准,在同一变量中,如果题项的因子载荷量越大,就说明越具备收敛效度。

本节利用 SPSS 17.0 软件对变量指标进行主成分分析,并利用 KMO(kaiser-meyer-olkin)检验和 Bartlett 球体检验数据是否适合做因子分析。其中 KMO 的测度取值为:① KMO≥0.9,非常适合做因子分析。② 0.8≤KMO<0.9,很适合做因子分析。③ 0.7≤KMO<0.8,适合做因子分析。④ 0.6≤KMO<0.7,不太适合做因子分析。⑤ 0.5≤KMO<0.6,勉强适合做因子分析。⑥ KMO<0.5,不适合做因子分析。Bartlett 的取值很大时,数据适合做因子本节量表软件分析结果如表 8-20 所示。

表8-20 KMO检验和Bartlett检验及验证性因子分析结果

变量	KMO	Bartlett	显著性	观测变量	因子载荷	组合信度(CR)	平均提取方差(AVE)
信心总体评价	0.791	829.897	0.000	我对猪肉的食品安全表示很乐观	0.828	0.896	0.684
				我相信猪肉是安全的	0.866		
				我对于猪肉食品安全现状很满意	0.807		
				总的来说,猪肉是安全的	0.807		
感知风险	0.766	642.417	0.000	我经常担心以高价买到劣质猪肉	0.702	0.869	0.626
				我经常担心所购买的猪肉对我的身体有害	0.863		
				总担心买到的猪肉质量差会让自己在他人面前难堪	0.764		
				总是担心吃到被污染的猪肉而生病	0.827		
相关危害关心程度	0.914	2293.183	0.000	瘦肉精	0.869	0.936	0.676
				抗生素	0.851		
				激素	0.833		
				微生物	0.781		
				添加剂	0.826		
				注水肉	0.812		
				病死猪	0.783		

续表

变量	KMO	Bartlett	显著性	观测变量	因子载荷	组合信度（CR）	平均提取方差（AVE）
对政府的信任	0.870	1711.560	0.000	政府具备监管猪肉安全的能力	0.762	0.919	0.657
				政府具有猪肉安全监管的知识和经验	0.820		
				政府充分发布猪肉安全信息	0.826		
				政府对猪肉安全非常重视	0.844		
				政府提供真实的猪肉食品安全信息	0.838		
				政府有效确保了猪肉的食品安全	.770		
对农户的信任	0.865	1240.668	0.000	我国农户具备安全生产猪肉的能力	0.772	0.911	0.673
				我国农户充分公开猪肉的食品安全信息	0.818		
				我国农户对猪肉的安全非常重视	0.868		
				我国农户向公众提供真实的猪肉安全信息	0.851		
				我国农户向我们提供了安全的猪肉	0.789		
对零售商的信任	0.837	1416.662	0.000	零售商具备确保猪肉安全的能力	0.798	0.917	0.689
				零售商具有提供安全猪肉知识和经验	0.852		
				零售商会充分发布猪肉安全信息	0.867		
				零售商对猪肉安全非常重视	0.848		
				零售商向我们提供了安全猪肉	0.783		
对企业的信任	0.861	1909.027	0.000	企业具备生产安全猪肉能力	0.743	0.907	0.663
				企业可以生产安全猪肉产品	0.792		
				企业充分公开猪肉产品安全信息	0.849		
				企业对猪肉产品安全重视	0.839		
				企业提供了安全猪肉产品	0.844		
焦虑特质	0.666	340.264	0.000	对事情不放心	0.762	0.851	0.656
				对事情无法控制的担心	0.852		
				总爱焦虑	0.815		

资料来源：根据调研结果整理所得

根据KMO的测度取值标准可以看出，焦虑特质这个变量的KMO值0.666较低，但大于0.5的标准，可以认为适合做因子分析，其他的六个变量的KMO值都大于0.7，显然适合做因子分析。同时一个变量的每个观测变量的因子载荷值全都大于 0.5，所以可以判定该量表变量之间具有良好的反映主体的能力，具有良好的收敛效度。其次，由表 8-20 可知，本节的八个因素的 AVE 值介于 0.626~0.689，因素之间的相关系数在 0.007~0.762，最大的相关系数是 0.762，最大相关系数的平方值为 0.581。因此，潜变量中最小的 AVE 值大于潜变量间最大的相关系数的平方值（0.626>0.581），所以，所有因素的 AVE 值大于因素间相关系数的平方值，潜在变量间具有较好的区别效度。

相关分析是检验各变量之间是否存在相关性的常用的统计分析方法，本节采用 stata 12.0 对问卷中的各变量之间的相互关系情况进行了分析，表 8-21 显示，猪肉食品安全信心的影响因素与信心总体评价之间存在相关性关系。此外，各解释变量之间的相关系数均小于 0.85，说明各解释变量的选取和设计指标是合理的，不存在多重共线性，为结构方程模型的构建及实践测评提供了良好的数据基础。

表8-21 消费者猪肉食品安全信心的相关系数矩阵

变量	均值	标准差	1	2	3	4	5	6	7
信心总体评价指标	2.790	0.617	1						
感知风险	3.327	0.760	−0.170**	1					
危害关心	3.993	0.736	0.007**	0.172**	1				
政府信任	3.146	0.689	0.403**	0.050**	0.154**	1			
农户信任	2.893	0.684	0.345**	0.034**	0.021	0.567**	1		
零售商信任	2.925	0.713	0.372**	−0.058	0.004	0.625**	0.703**	1	
企业信任	3.076	0.675	0.392**	−0.012	0.058	0.664**	0.634**	0.762**	1
焦虑特质	3.084	0.682	−0.044**	0.190*	0.103*	0.009	0.010	−0.032	

资料来源：根据调研结果整理所得

注：N=502

*、**分别表示 $p<0.100$、$p<0.050$

四、猪肉信心总体评价

通过调研问卷数据分析，前面三部分分别对样本的分布情况、问卷的信效度进行了分析，信效度分析中，信心总体评价的信效度都很好，各观测变量可以很好地反映所要测量的潜在变量。运用 SPSS 17.0 分析软件对信心总体评价进行了均值整理，以乐观情况进行反映，以便了解目前的信心现状。统计结果如表 8-22 所示。

表8-22 消费者猪肉食品安全信心总体评价

选项	均值	标准差
我对猪肉的食品安全表示很乐观	2.75	0.690
我相信猪肉是安全的	2.76	0.745
我对于猪肉的食品安全现状很满意	2.68	0.760
总的来说，猪肉是安全的	2.98	0.790
整体乐观情况	2.792	0.604

资料来源：根据调研结果整理所得

问卷采用的是利克特 5 级量表，所以从上述乐观情况的整体均值 2.792 可以看出，消费者猪肉食品安全信心的现状并不乐观，相关部门需要做出努力。

五、消费者猪肉信心影响因素的统计

通过对前面 5 个变量进行信效度分析，4 个影响因素全部通过了信度和效度的检验，只是将感知风险、消费者对供应链各成员的信任这两个因素中没有通过信度检验的部分可测指标进行了删除。这一节中，将通过比较均值的方法来对影响消费者猪肉食品安全信心的因素变量进行总体水平的统计分析。

（一）消费者对猪肉的感知风险

由表 8-23 可知，消费者对总担心吃到被污染的猪肉而生病的感知风险最高，均值为 3.57，其次我经常担心以高价买到劣质猪肉及我经常担心所购买的猪肉对我的身体有害的感知风险处于一般水平，而对于总担心吃到的猪肉质量差会让自己在他人面前难堪的感知风险相对比较低，均值为 3.07，说明消费者最主要担心的是猪肉的质量和价格问题。

表8-23 消费者对猪肉的感知风险统计量

选项	均值	标准差
总担心吃到被污染的猪肉而生病	3.57	1.045
我经常担心以高价买到劣质猪肉	3.37	0.901
我经常担心所购买的猪肉对我的身体有害	3.30	0.947
总担心吃到的猪肉质量差会让自己在他人面前难堪	3.07	0.952

资料来源：根据调研结果整理所得

（二）消费者对猪肉相关危害的关心程度

整体来看，消费者对猪肉相关危害是比较关心的，由表8-24的结果可知，消费者对病死猪的关心程度最高，均值为4.35，相比而言，消费者对微生物的关心程度略低，均值为3.73。

表8-24 消费者对猪肉相关危害的关心程度统计

选项	均值	标准差
病死猪	4.35	0.857
注水肉	4.03	0.890
激素	4.03	0.896
添加剂	4.00	0.869
瘦肉精	3.99	0.866
抗生素	3.83	0.933
微生物	3.73	0.936

资料来源：根据调研结果整理所得

（三）消费者对供应链各成员的信任

第一，消费者对政府的信任程度。

表8-25的结果显示，消费者对政府的信任程度整体水平不是很高，可以看出，政府具备猪肉安全监管的知识和经验、政府具备监管猪肉安全的能力、政府对猪肉安全非常重视、政府提供真实猪肉安全信息、政府充分发布猪肉信息及政府有效确保了猪肉的安全这六项指标的均值分别为3.25、3.18、3.15、3.15、3.12、3.03，属于一般的信任程度，属于基本同意的状态，其中，对政府具有猪肉食品安全监管的知识和经验这个指标的信任程度相对较高，均值为3.25，而政府有效地确保了猪肉食品的安全这个指标的均值相对较低为3.03，说明消费者对其信任度不高。

表8-25 消费者对政府的信任统计量

选项	均值	标准差
政府具有猪肉安全监管的知识和经验	3.25	0.820
政府具备监管猪肉安全的能力	3.18	0.829
政府对猪肉安全非常重视	3.15	0.892
政府提供真实猪肉安全信息	3.15	0.881
政府充分发布猪肉安全信息	3.12	0.869
政府有效确保了猪肉的安全	3.03	0.810

资料来源：根据调研结果整理所得

第二，消费者对农户的信任程度。

从表8-26可以看出，消费者对农户的信任程度比较低，只有对农户具有安全生产猪肉的知识和经验的指标均值为3.02，基本同意之外，对于其他四个指标的同意程度均低于3，说明消费者对农户能够保障猪肉的食品安全信任度不高。

表8-26 消费者对农户的信任统计量

选项	均值	标准差
我国农户具有安全生产猪肉的知识和经验	3.02	0.837
我国农户向我们提供了安全的猪肉	2.99	0.775
我国农户对猪肉的安全非常重视	2.88	0.862
我国农户向公众提供真实的猪肉安全信息	2.85	0.817
我国农户会充分公开关于猪肉的安全信息	2.74	0.879

资料来源：根据调研结果整理所得

第三，消费者对零售商的信任程度。

从统计结果可以看出，消费者对于零售商的信任程度也不高，对于零售商具有提供安全猪肉的知识和经验这个指标的均值为3.03，属于基本同意的水平，但其他四个指标的同意程度均不高，整体来看，消费者对零售商的信任程度较低，属于一般偏下，详见表8-27。

表8-27 消费者对零售商的信任描述统计量

选项	均值	标准差
零售商具有提供安全猪肉的知识和经验	3.03	0.837
零售商具备确保猪肉安全的能力	2.98	0.850
零售商向我们提供了安全猪肉	2.91	0.800
零售商对猪肉安全非常重视	2.86	0.920
零售商会充分发布猪肉安全信息	2.85	0.874

资料来源：根据调研结果整理所得

第四，消费者对企业的信任程度。

从表8-28中可以看出，衡量消费者对企业信任程度的六个指标中，企业具备生产安全猪肉产品的能力均值最高为3.20，属于基本同意的水平，其次是企业可以生产安全猪肉产品均值为3.17，其余的四个指标企业提供了安全猪肉产品、企业对猪肉产品安全重视、企业公开猪肉产品安全信息均值分别为3.06、3.02、3.02、3.02，整体来看，消费者对于企业属于基本信任。

第八章 消费者猪肉食品信心研究

表8-28 消费者对企业的信任描述统计量

选项	均值	标准差
企业具备生产安全猪肉的能力	3.20	0.841
企业可以生产安全猪肉产品	3.17	0.859
企业提供了安全猪肉产品	3.06	0.781
企业对猪肉产品安全重视	3.02	0.837
企业公开猪肉产品安全信息	3.02	0.851

资料来源：根据调研结果整理所得

（四）消费者的焦虑特质

从表8-29中得知，对事情不放心指标的均值为3.29，消费者对其同意程度最高，其次是对事情无法控制的担心均值为3.11，属于基本同意水平，而对于总爱焦虑这个指标的均值比较低为2.85，说明消费者不同意自己有总爱焦虑的情绪。

表8-29 消费者的焦虑特质描述统计量

选项	均值	标准差
对事情不放心	3.29	0.812
对事情无法控制的担心	3.11	0.848
总爱焦虑	2.85	0.866

资料来源：根据调研结果整理所得

六、结构方程模型的检验

（一）初始测量模型的拟合度检验

本章利用AMOS 17.0软件，采用极大似然法对模型进行参数估计，结果如表8-30所示。

表8-30 初始综合测量模型的拟合度

指标	CMIN/df	RMSEA	GFI	AGFI	IFI	CFI
拟合指数	2.695	0.058	0.868	0.846	0.902	0.901
参考值	<3	<0.08	>0.9	>0.9	>0.9	>0.9

资料来源：根据调研结果整理所得

指标CMIN/df为2.695<3，RMSEA为0.058<0.08，IFI为0.902>0.9，CFI为0.901>0.9，均达到标准，但是指标GFI和AGFI的值均小于0.9，未达到拟合标准，说明需要对模型进行修正，根据AMOS模型修正指数（modification indices，MI）

对测量误差进行修正，对具有较大 MI 值的 e_6、e_7、e_{23}、e_{27}、e_{24}、e_{27}、e_{29}、e_{33}、e_{32}、e_{33} 之间增加相关性路径，使其发生相关关系。

（二）修正后的测量模型的拟合度

通过对模型的进一步修正，得到如表 8-31 所示的结果。

表8-31　修正后的综合测量模型的拟合度

指标	CMIN/df	RMSEA	GFI	AGFI	IFI	CFI
拟合指数	2.069	0.046	0.903	0.885	0.939	0.938
参考值	<3	<0.08	>0.9	>0.9	>0.9	>0.9

资料来源：根据调研结果整理所得

由表 8-31 可以看出，修正后的结构方程指标均得到了改善，CMIN/df<3，RMSEA<0.08，GFI、IFI、CFI 均大于 0.9，且越来越接近于 1，虽然 AGFI 为 0.885，但也接近于 0.9，不影响模型整体的拟合度。因此，可以得出模型具有良好的拟合度。

（三）模型研究假设检验及结果分析

本节假设的实证结果见表 8-32，可以看出，本节的七个假设有三个成立，分析如下。

（1）消费者的猪肉感知风险对乐观情绪在 $p=0.01$ 的范围内显著，H1 成立；由 $\beta=-0.259$ 可知猪肉感知风险对消费者的食品安全信心呈显著的负效应，即消费者对猪肉的感知风险每提高一个单位，消费者的猪肉信心就会降低 0.259 个单位。

（2）对政府的信任与乐观情绪在 $P=0.05$ 的范围内显著，H3 成立；由 $\beta=0.243$ 可知对政府的信任与消费者对猪肉信心的乐观情绪呈正效应，直接效应为 0.243，即消费者对政府的信任每提高一个单位，消费者的猪肉食品安全信心就会提高 0.243 个单位。政府在猪肉的食品安全监管过程中起到重要的作用，消费者比较愿意寄希望于政府部门，所以对于政府的信任可以增加消费者对猪肉食品的安全信心。

（3）消费者的个人特性中的焦虑特质与乐观情绪有显著的影响，H7 成立；由 β 是负值可以得出，焦虑特质与消费者的乐观情绪呈负相关，即焦虑特质表现越明显，其对猪肉的信心就越低。这说明对猪肉的信心与个人性格特征有关，越是焦虑，其对猪肉的食品安全越是信心不足，对于这种性格特征的消费者，他们往往容易把问题放大，使得心理负担加重，产生悲观消极情绪。

（4）家庭年收入特征：本节的收入是以整年的全家收入来统计的，在 20 万元以内的占比为 98%，其中 1 万～10 万元的占 86.1%，10 万～20 万元的占 11.9%。

（5）家庭成员特征：近年来，国内外关于食品安全信心方面的研究都将家庭成员纳入了影响因素中，主要是以家庭成员中是否有老人或小孩来衡量人们的食品安全信心。样本中有老人占比21.5%，有小孩占比29.5%，两者都有占比25.9%，两者都没有占比23.1%。

（6）居住地特征：将调查对象的居住地分为了城镇和农村，其中327名受访者是城镇居民，占比65.1%，175名受访者是农村居民，占比34.9%。

表8-32 假设检验结果

假设	路径关系	标准化路径系数（β）	C.R.	p	结果
H1	乐观情绪<---感知风险	−0.259	−4.785	***	成立
H2	乐观情绪<---相关危害	−0.02	−0.055	0.956	不成立
H3	乐观情绪<---政府的信任	0.243	3.110	**	成立
H4	乐观情绪<---农户的信任	0.116	1.531	0.126	不成立
H5	乐观情绪<---零售商信任	0.014	0.130	0.897	不成立
H6	乐观情绪<---企业的信任	0.155	1.455	0.146	不成立
H7	乐观情绪<---焦虑特质	−0.123	−2.227	**	成立

资料来源：根据调研结果整理所得

***表示在$P=0.01$水平上显著，**表示在$P=0.05$水平上显著

第三节 提升猪肉食品安全信心的对策

调研结果显示，我国消费者在猪肉安全方面的信心较低，针对影响猪肉及其相关产品的消费者信心的原因，提出以下几点对策。

一、企业应加强相关知识宣传，保证产品的安全

在实证研究结束后发现，消费者对猪肉可能存在不安全的认知会对其安全信心产生负效应，消费者认为存在的不安全性越高，对猪肉食品的安全信可度就越低，对风险的认知每提高一个单位，消费者在其信度方面就会降低0.259个单位。近几年频繁发生猪肉食品安全事件，消费者对猪肉的认知也在进一步加强，所以要想提高消费者的食用信心，企业应注重对消费者的教育，进行产品相关知识的宣传。例如，企业可以定期举办一些讲座；发放一些有关猪肉食品安全方面的宣传单，减少消费者担忧。在生产和销售过程中，关心消费者健康，保证产品的安全，对产品进行风险评估和技术监测，营造一个透明、公开

的消费环境。

二、政府严格监管检查

政府对消费者的影响也会直接反映在消费者对猪肉食品的信心方面，从实证结果可以得出，消费者对政府越信任，其对猪肉安全的认可度就越高，可以看出，消费者对在政府方面的信任度每提高一个单位，其对猪肉安全的认可度就提高0.243个单位。政府应充分发挥其职能，对猪肉食品安全进行严格监管，提高检测检验技术，使整个安全评价程序及时化、透明化，提高猪肉的安全管理水平，建立起一套猪肉食品安全监管体系，将猪肉食品安全监管的责任人统一，这样就可以将责任追踪到直接负责人，有利于减少部门之间责任推卸的现象，增强监管力度。另外，可以要求企业进行食品质量安全体系的认证，使企业生产遵循标准化的操作工艺，进一步保证产品的质量安全。

三、加大处罚力度

对于不规范的猪肉操作问题，政府应该设立一定规范且有效的标准，并严格要求农户、屠宰厂、企业、零售商等供应链上各成员按标准进行养殖、屠宰、生产加工及销售，对于违反标准的成员要进行一定的制裁，这样可以起到一定的震慑作用，加大处罚力度，有效保证猪肉从养殖到屠宰再到加工销售等环节的食品安全。对于那些为了牟取暴利而不惜对消费者的身体健康造成危害的份子，要加大对其不良行为的处罚力度，有效制止其不良行为的发生，并让他们意识到损害消费者的利益是要付出代价的，意识到这些行为触犯了法律法规。

四、完善相关政策

在我国对于违反食品安全法律法规的行为的处罚力度还不是很大，虽然在一定程度上减少了触犯消费者利益的行为，但是因为处罚金少、刑期短等，不少企业或个人经常会冒险扰乱市场正常秩序。因此，食品安全方面应借鉴外国已完善的有关法律法规来补充我国法律法规的不足，从而有效制止不法行为发生。目前，有关这方面的法规有《生猪屠宰管理条例》，对生猪在宰杀过程中的不良行为进行有效制止，减少了在宰杀过程中环境不合格、程序不规范等问题，减少私宰肉。

为了保证各个环节中猪肉的安全，应完善供应链上各环节的法律法规，严格控制各环节各成员的行为，保证其产品的质量安全，维护消费者的切身利益，提高消费者的安全信心。

五、加强消费者安全教育，提高猪肉安全认知

焦虑特质是影响消费者猪肉食品安全信心的重要因素，直接影响为-0.123，即消费者的焦虑特质每增加一个单位，其对猪肉的食品安全信心就降低 0.123 个单位。焦虑是由人内心的不安、害怕、担忧、浮躁等汇聚而成，一个人对事物的正常判断一般容易受到这种情绪的影响，产生焦虑的主要原因是不确定性，不确定性会导致消费者的风险意识，从而产生焦虑。例如，当消费者从食品企业那里获得的信息与产品质量不一致时，消费者就会产生不确定性，降低消费者的食品安全信心。所以，要建立科学的消费者食品安全教育体系，引导媒体报道的真实性和透明性，增强消费者对产品的确定感，形成正确的消费观念，避免消费者盲目放大风险，增强消费者对食品安全的信心。

参 考 文 献

安玉发, 张浩, 陈丽芬. 2009. 国外消费者对中国蔬菜的购买行为分析——以日本消费者为例[J]. 农业技术经济, (4): 103-110.
卞琳琳, 刘爱军. 2011. 江苏省快餐业现状及发展策略[J]. 江苏商论, (8): 27-28.
陈婧. 2011. 基于ERP的中小企业财务管理探讨[J]. 财会通讯, (2): 81-82.
陈静. 2009. 阳澄湖大闸蟹退却的经济学分析——基于消费视角[J]. 云南财经大学学报（社会科学版）, 24 (3): 46-48.
陈蓝荪. 2004a. 大闸蟹出口特征分析与对策研究（上）[J]. 科学养鱼, (4): 1-2.
陈蓝荪. 2004b. 大闸蟹出口特征分析与对策研究（下）[J]. 科学养鱼, (6): 1-2.
陈蓝荪. 2004c. 大闸蟹出口特征分析与对策研究（中）[J]. 科学养鱼, (5): 1-2.
陈丽芬, 安玉发. 2008. 韩国消费者对中国蔬菜的满意度分析[J]. 中国蔬菜, (2): 7-9.
陈启申. 2004. ERP——从内部集成起步[M]. 北京: 电子工业出版社.
陈永福, 钱小平. 2007. 中国对日食品出口影响因素分析——以日本农药残留检疫制度转变为例[J]. 农业技术经济, (1): 72-79.
陈渝. 2006. 阳澄湖大闸蟹的品牌思考[J]. 中国品牌, (2): 62-63.
陈宇雁, 庄晓霞, 杜往静. 2010. 论平衡计分卡在中小企业中的合理应用研究[J]. 科技信息, (16): 32-33.
陈志颖. 2006. 无公害农产品购买意愿及购买行为的影响因素分析——以北京地区为例[J]. 农业技术经济, (1): 68-75.
陈庄. 2003. ERP原理与应用教程[M]. 北京: 电子工业出版社.
戴迎春, 朱彬, 应瑞瑶. 2006. 消费者对食品安全的选择意愿——以南京市有机蔬菜消费行为为例[J]. 南京农业大学学报（社会科学版）, 6 (1): 47-52.
董晓梅, 何志佳, 麦承罡, 等. 2007. 广州市部分居民对食品安全的认知、态度调查[J]. 现代预防医学, 34 (3): 578-579, 584.
段德君. 2006. 基于食品安全的城市居民淡水鱼消费行为研究以武汉市为例[D]. 武汉: 华中农业大学.
樊宝洪. 2007. 培大做强河蟹产业的对策研究——以江苏省泰州市为例[J]. 渔业经济研究, (1): 10-13.
樊宝洪, 冯亚明. 2005. 农业产业链管理在河蟹产业中的应用初探——以江苏兴化红膏大闸蟹有限公司为例[J]. 渔业经济研究, (6): 16-19.

参 考 文 献

樊宝洪，罗飞，王永明. 2005. 江苏河蟹产业发展战略研究[J]. 中国渔业经济，23（6）：56-59.
樊祥国. 2000. 我国河蟹养殖的现状和发展对策[J]. 中国渔业经济研究，18（4）：14-15.
范真荣. 2012. 中小民营企业 ERP 系统建设流程分析[J]. 商业时代，（23）：96-97.
方敏. 2003. 论绿色食品供应链的选择与优化[J]. 中国农村经济，（4）：49-51，56.
冯之浚. 2006. 循环经济的范式研究[J]. 中国软科学，（8）：9-21.
郭亚建. 2008. 昆虫的营养价值与开发利用[J]. 中国食物与营养，14（1）：29-31.
韩承双，吴海峰. 2007. ERP 风险分析与实施策略[J]. 河北工业大学学报，36（2）：11-14.
郝清土. 2012. ERP 计算机信息系统在我国企业中实施的问题及对策[J]. 信息与电脑（理论版），（4）：179.
何德华，周德翼，王蓓. 2007. 对武汉市民无公害蔬菜消费行为的研究[J]. 统计与决策，（6）：114-116.
胡海彦. 2007. 江苏省河蟹产业化发展研究[D]. 南京：南京农业大学.
胡仁昱，褚彦淑. 2009. 如何突破中小企业 ERP 选型难[J]. 财务与会计，（16）：43-44.
胡卫中，齐羽，华淑芳. 2007. 浙江消费者食品安全信息需求实证研究[J]. 湖南农业大学学报（社会科学版），8（4）：8-11.
黄慧君，薛恒新. 2000. 流程企业 CIMS/MRPII 实施技术分析[J]. 计算机集成制造系统-CIMS，6（4）：87-91.
黄慧君，薛恒新，束志明. 2003. 项目制造型企业信息系统集成研究[J]. 中外科技信息，（7）：43-46.
黄季伸，徐家鹏. 2007. 消费者对无公害蔬菜的认知和购买行为的实证分析——基于武汉市消费者的调查[J]. 农业技术经济，（6）：62-66.
黄贤金，朱德明. 2004. 循环经济：产业模式与政策体系[M]. 南京：南京大学出版社.
黄珠容. 2008. 超市果蔬采购对批发市场果蔬购销的影响[J]. 农业技术经济，（6）：4-10.
霍金斯 D I，贝斯特 R J，科尼 K A. 2002. 消费者行为学[M]. 符国群译.北京：机械工业出版社.
贾敬敦. 2012. 农产品流通蓝皮书：中国农产品流通产业发展报告[M]. 北京：社会科学文献出版社.
居俊. 2010. 浅析中小制造企业 ERP 实施成功关键因素及实施方法[J]. 市场周刊（理论研究），（12）：19-20.
李晨，李红. 2018. 基于消费者视角的鸡蛋质量安全可追溯意愿分析——基于新疆 5 市 365 位消费者的调查[J]. 江苏农业科学，46（2）：287-291.
李春成，张均涛，李崇光. 2005. 居民消费品购买地点的选择及其特征识别——以武汉市居民蔬菜消费调查为例[J]. 商业经济与管理，（2）：58-64.
李明华，刘昌衡，刘健敏，等. 2005. 昆虫功能食品的研究与开发[J]. 食品研究与开发，26（3）：112-115.
李严锋，张丽娟. 2004. 现代物流管理[M]. 大连：东北财经大学.
李勇，唐莹，周明，等. 2003. 基于ERP单件小批量订货型制造企业的管理模式[J]. 重庆大学学报（自然科学版），26（12）：126-128，137.
刘爱军，李祥妹. 2009-04-24. 构筑确保食品安全的现代化物流体系[N]. 光明日报，（011）.
刘爱军，张臻，丁振强. 2008. 试论江苏现代农业发展战略[J]. 江西农业学报，20（6）：119-121.

刘爱军,周曙东. 2007. 江苏农业龙头企业物流发展调查[J]. 南京农业大学学报（社会科学版）, 7（2）: 11-16.
刘奇志. 1998. 我国蜂产品的开发利用现状与前景[J]. 昆虫知识, 35（5）: 301-303.
刘天军,胡华平,朱玉春,等. 2013. 我国农产品现代流通体系机制创新研究[J]. 农业经济问题, 34（8）: 20-25, 110.
刘亚钊,王秀清. 2007. 日本生鲜蔬菜进口市场及其需求弹性分析[J]. 农业技术经济,（2）: 31-36.
刘振江. 2005. 昆虫食品的开发利用[J]. 世界农业,（11）: 45-48.
柳中冈. 2002. 中小企业 ERP 指南[M]. 沈阳: 辽宁人民出版社.
卢凌霄,周应恒. 2010. 农产品批发市场现状及发展趋向[J]. 商业研究,（2）: 10-14.
罗鸿. 2003. ERP 实施全程指南[M]. 北京: 电子工业出版社.
罗鸿,王忠民. 2003. ERP 原理·设计·实施[M]. 北京: 电子工业出版社.
吕一林. 2001. 现代市场营销学[M]. 北京: 清华大学出版社.
马广青,张艳萍,徐瑞园,等. 2009. ERP 实施绩效评价体系研究[J]. 河北科技大学学报, 30（1）: 75-78.
马骥,秦富. 2009. 消费者对安全农产品的认知能力及其影响因素——基于北京市城镇消费者有机农产品消费行为的实证分析[J]. 中国农村经济,（5）: 26-34.
马士华,周晓,游知. 2002. 烟草企业 MRP Ⅱ/ERP 物料清单重构研究[J]. 计算机工程与应用, 38（20）: 238-240, 249.
欧洋凯. 2007. 蔬菜消费者购买行为调查分析[J]. 上海蔬菜,（4）: 11-14.
青平,严奉宪,王慕丹. 2006. 消费者绿色蔬菜消费行为的实证研究[J]. 农业经济问题, 27（6）: 73-78.
曲建华,应继来. 2009. ERP 实施绩效的模糊综合评价研究[J]. 科技情报开发与经济, 19（6）: 158-160.
戎素云. 2006. 消费者食品安全需求行为及其引导[J]. 商业时代,（2）: 8-9.
山东虫业协会. 2007. 昆虫食品开发的必要性、存在问题及对策（上）——昆虫食品开发的必要性[J]. 农业知识,（30）: 30.
沈豹,顾爱军. 2004. 江苏河蟹产业化发展对策[J]. 中国渔业经济, 22（6）: 48-49.
舒贤晚,蒋建锋. 2009. 中国企业实施 ERP 成败因素探讨[J]. 福建论坛（社科教育版）, 7（8）: 179-180.
苏群,陈智娟. 2008. 水产养殖的生产经营状况及成本收益分析——以江苏省淮安市为例[J]. 江苏农业科学, 36（3）: 1-4.
唐晓玲,何熹,迟玉森. 2000. 昆虫与昆虫食品[J]. 中国食品,（18）: 32-33.
唐学玉,李世平,姜志德. 2010. 安全农产品消费动机、消费意愿与消费行为研究——基于南京市消费者的调查数据[J]. 软科学, 24（11）: 53-59.
汤勇,黄军,李岳云. 2006. 中国蔬菜的比较优势与出口竞争力分析[J]. 农业技术经济,（4）: 73-78.
汪亚菲,张迎献. 2011. ERP 在工业企业中的应用现状和发展趋势探讨[J]. 电脑编程技巧与维护,（8）: 65-66.
王本龙. 2011. 螃蟹的养殖技术[J]. 农技服务, 28（3）: 332-333.

王恒彦, 卫龙宝. 2006. 城市消费者安全食品认知及其对安全果蔬消费偏好和敏感性分析——基于杭州市消费者的调查[J]. 浙江社会科学, (6): 40-47, 9.

王建华, 邓远远, 吴林海. 2016. 意向选择、行为表达与农产品质量安全——基于Fishbein模型和结构方程模型的农户施药行为研究[J]. 软科学, 30 (10): 136-140.

王珏. 2011. ERP在中小企业的应用分析[J]. 价值工程, 30 (2): 98-100.

王军, 徐晓红, 郭庆海. 2010. 消费者对猪肉质量安全认知、支付意愿及其购买行为的实证分析——以吉林省为例[J]. 吉林农业大学学报, 32 (5): 586-590, 596.

王秀清, 孙云峰. 2002. 我国食品市场上的质量信号问题[J]. 中国农村经济, (5): 27-32.

王学春. 2000. 鲜活水产品的保鲜运输方法[J]. 农村百事通, (18): 37.

王志刚. 2003. 食品安全的认知和消费决定: 关于天津市个体消费者的实证分析[J]. 中国农村经济, (4): 41-48.

魏永平, 袁锋, 张雅林. 1998.食用昆虫的开发利用与产业化[J]. 西北农业大学学报, (6): 89-94.

温文荐. 2004. 我国河蟹市场的现状与发展趋势[J]. 渔业致富指南, (24): 3.

文礼章. 1998. 食用昆虫学原理与应用[M]. 长沙: 湖南科学技术出版社.

吴凡, 王纪韶, 潘永泉. 2002. 钢铁行业实施ERP的产品结构设计[J]. 计算机集成制造系统-CIMS, 8 (6): 500-504.

吴凌燕, 刘小和, 李众敏. 2006. 东北亚农产品贸易竞争性与互补性分析[J]. 农业技术经济, (2): 21-25.

吴湘生. 2004. 我国河蟹产品的市场定位与发展趋势[J]. 北京水产, (6): 55-57.

谢丽娜. 2012. 浅析ERP环境下财务管理的变革[J]. 合作经济与科技, (5): 45-46.

解振华. 2005. 领导干部循环经济知识读本[M]. 北京: 中国环境科学出版社.

许才明, 刘爱军, 马康贫. 2009. 基于多功能性的江苏现代农业发展战略探讨[J]. 江苏农业学报, 25 (3): 449-453.

宣亚南, 崔春晓. 2004. 消费者陈述偏好与实际购买行为差异探析——以对生态标识食品的需求为例[J]. 南京农业大学学报(社会科学版), 4 (3): 24-28.

薛恒新, 黄慧君, 杜尧, 等. 2003. 基于版本批量定制的ERP产品和实施服务研究[J]. 南京理工大学学报(自然科学版), 27 (5): 567-572.

薛建强. 2014. 中国农产品流通体系深化改革的方向选择与政策调整思路[J]. 北京工商大学学报(社会科学版), 29 (2): 32-38, 69.

颜安. 2006. 企业ERP应用研究[M]. 成都: 西南财经大学出版社.

杨金深, 张贯生, 智健飞, 等. 2004. 我国无公害蔬菜的市场价格与消费意愿分析——基于石家庄的市场调查实证[J]. 中国农村经济, (9): 43-48.

杨静, 舒廷飞, 温琰茂, 等. 2003. 水产养殖的完全成本模型[J]. 重庆环境科学, 25 (10): 15-17, 38-91.

杨维龙, 张关海. 2005. 河蟹生产现状与可持续发展的思考[J]. 淡水渔业, 35 (2): 62-64.

杨永存, 杨小柯, 杨冬燕, 等. 2007. 深圳居民转基因食品卫生安全认知状况调查[J]. 中国公共卫生, 23 (4): 488-489.

杨正勇, 黄书培. 2010. 水产养殖经济研究文献综述[J]. 中国渔业经济, 28 (4): 166-176.

叶怀珍. 2006. 现代物流学[M]. 北京: 高等教育出版社.

叶兴乾，胡萃. 1996. 食用昆虫的研究进展[J]. 食品与发酵工业，22（4）：70-75，69.
尹涛. 2009. 物流信息管理[M]. 大连：东北财经大学.
莹儿. 2006. 菊香蟹美 金秋螃蟹总动员[J]. 中国信用卡，（17）：50-57.
袁道亮. 2006a. 2005 年河蟹市场情况分析、启发、思考与 2006 年蟹市展望及需要重视的问题（上）[J]. 科学养鱼，（6）：5-6.
袁道亮. 2006b. 2005 年河蟹市场情况分析、启发、思考与 2006 年蟹市展望及需要重视的问题（下）[J]. 科学养鱼，（7）：2-3.
《中国工商行政管理年鉴》编辑部. 2011. 中国工商行政管理年鉴 2011[M]. 北京：中国工商出版社.
张洁君，柯可. 2011. ERP 企业在我国发展现状及措施分析[J]. 中国商贸，（11）：41-42.
张利国，徐翔. 2006. 消费者对绿色食品的认知及购买行为分析——基于南京市消费者的调查[J]. 现代经济探讨，（4）：50-54.
张领全. 2012.ERP 系统在烟草企业中的设计与实施[J]. 数字技术与应用，（3）：144.
张露，郭晴. 2015. 碳标签对低碳农产品消费行为的影响机制——基于结构方程模型与中介效应分析的实证研究[J]. 系统工程，33（11）：66-74.
张晓勇，李刚，张莉. 2004. 中国消费者对食品安全的关切——对天津消费者的调查与分析[J]. 中国农村观察，（1）：14-21，80.
张秀芳，岳书铭. 2008. 我国优质蔬菜消费者麻木和敏感行为初探[J]. 生态经济（学术版），（1）：204-207.
张莹，赵国群. 2005. 面向中小型企业的 ERP 系统开发及关键技术研究[J]. 山东农机，（3）：8-11.
张长厚. 2012. 发展农产品流通的瓶颈与思考[J]. 中国流通经济，26（4）：22-24，45.
张志华. 2003. 河蟹的生态习性及养殖技术[J]. 黑龙江水产，（3）：44-48.
赵明森.2010.进一步做优做强江苏河蟹养殖产业的几点思考[J]. 科学养鱼，（6）：1-3.
郑光华. 1996. 蔬菜无土栽培与绿色食品生产[J]. 中国蔬菜，（4）：3-5.
中华人民共和国国家统计局.2008.中国统计年鉴 2008[M]. 北京：中国统计出版社.
钟甫宁，丁玉莲. 2004. 消费者对转基因食品的认知情况及潜在态度初探——南京市消费者的个案调查[J]. 中国农村观察，（1）：22-27，80.
周波，朱云辉，谭芳敏. 2011. 煤矿职工的不安全行为控制及其重要性分析[J]. 价值工程，30(2)：97-99.
周春晖，黄惠华，王志. 2001. 昆虫食品研究与发展探讨[J]. 食品工业科技，22（5）：83-85.
周德翼，杨海娟. 2002. 食物质量安全管理中的信息不对称与政府监管机制[J]. 中国农村经济，（6）：29-35，52.
周虎，刘高强，刘卫星. 2006. 食用昆虫资源的研究与开发进展[J]. 食品研究与开发，27（3）：89-91，97.
周洁红. 2004. 消费者对蔬菜安全的态度、认知和购买行为分析——基于浙江省城市和城镇消费者的调查统计[J]. 中国农村经济，（11）：44-52.
周洁红. 2005. 消费者对蔬菜安全认知和购买行为的地区差别分析[J]. 浙江大学学报（人文社会科学版），（6）：113-121.
周洁红，钱峰燕，马成武. 2004.食品安全管理问题研究与进展[J]. 农业经济问题，（4）：26-29，

39-79.

周强. 2015. 论我国农产品流通支撑体系存在的问题及其对策[J]. 北京交通大学学报（社会科学版），14（2）：69-75.

周应恒，霍丽玥，彭晓佳. 2004. 食品安全：消费者态度、购买意愿及信息的影响——对南京市超市消费者的调查分析[J]. 中国农村经济，（11）：53-59，80.

周应恒，卢凌霄，彭伟志. 2007. 特种淡水养殖品流通研究——以经由南京批发市场销售的河蟹为例[J]. 南京农业大学学报（社会科学版），（4）：65-70，80.

周应恒，卓佳. 2010. 消费者食品安全风险认知研究——基于三聚氰胺事件下南京消费者的调查[J]. 农业技术经济，7（2）：89-96.

朱春革，皮国华，王义民. 2006. 河蟹异地养殖技术[J]. 北京水产，（1）：19-20.

朱江梅. 2014. 基于系统性视角的农产品现代流通体系研究[J]. 学术交流，（6）：98-101.

朱伟伟. 2010. 我国城市水产品物流的特点及建设市场体系的对策思考[J]. 现代商业，（32）：41-42.

宗良炳，钟昌珍，雷朝亮. 1993. 开发昆虫蛋白质及其产品的应用前景[J]. 湖北植保，增刊：57.

左洪亮. 2005. 对影响消费者购买行为的心理因素的研究[J]. 商业研究，（10）：98-100.

Abbott R. 1997. Food and nutrition information: a study of sources, uses, and understanding[J]. British Food Journal, 99（2）：43-49.

Baker G A, Burnham T A. 2001. The market for genetically modified foods: consumer characteristics and policy implications[J]. The International Food and Agribusiness Management Review, 4（4）：351-360.

Batt P J, Liu A J. 2012. Consumer behavior towards honey products in Western Australia[J]. British Food Journal, 114（2）：285-297.

Blackwell R D, Miniard P W, Engel J F. 2001. Consumer behavior[M].Texas: Harcourt College Publishers.

Brewer M S, Rojas M. 2008.Consumer attitudes toward issues in food safety[J]. Journal of Food Safety, 28（1）：1-22.

Cohen, Joel B.1981.Consumer behavior, adapting and experiencing[J]. Psyccritiques, 26（12）.

Demby. 1973. "psychographics and form where it comes", lifestyle and psychographics[M]. New Jersey: Prentice Hall.

Enenberg A S C, Nicosia F M. 1968. Consumer decision processes: marketing and advertising implications[J]. Journal of Marketing Research, 5（3）：334.

Engel C, Rogers J H. 1996. How wide is the border?[J]. The American Economic Review, 86（5）：1112-1125.

Engel J F, Blackwell R D, Miniard P W. 1993. Consumer behavior[M]. Orlando: The Dryden Press.

Fein S B, Lin C T J, Levy A S. 1995. Foodborne illness: perceptions, experience, and preventive behaviors in the United States[J]. Journal of Food Protection, 58（12）：1405-1411.

Gao X M, Reynolds A, Lee J Y. 1993.A structural latent variable approach to modelling consumer perception: a case study of orange juice[J]. Agribusiness, 9（4）：317-324.

Grigg D. 2002. The worlds of tea and coffee: Patterns of consumption[J]. Geo Journal, 57（4）：

283-294.

Henneberry S R, Qiang H, Cuperus G W. 1998. An examination of food safety issues[J]. Journal of Food Products Marketing, 5（1）: 83-94.

Henson S, Hooker N H. 2001. Private sector management of food safety: public regulation and the role of private controls[J]. The International Food and Agribusiness Management Review. 4（1）: 7-17.

Hoban T J. 1998. Trends in consumer attitudes about agricultural biotechnology[J]. Ag Bio Forum, 1（1）: 3-7.

Hornibrook S A, MC Carthy M, Fearne A. 2005. Consumers' perception of risk: the case of beef purchases in Irish supermarkets[J]. International Journal of Retail &Distribution Management, 33（10）: 701-715.

Kotler P. 1998. Marketing Management: Analysis, Planning, Implementation and Control, Upper saddle River[M]. Upper Saddle River, NJ: Prentice Hall.

Kotler P. 1999. Marketing Management[M]. Upper Saddle River, NJ: Prentice Hall.

Liu A, Batt P J. 2011. Barriers and benefits of on-farm quality assurance system in western Australia[J]. Acta Horticulture, 895（895）: 159-166.

Liu A, Chen Y H, Xu L, et al. 2012. What do consumers think about food safety in Nanjing, China[C]. IFAMA 22nd Annual International World Forum and Symposium.

Liu A, Xu L, Zhou S, et al. 2013. Consumer purchasing behavior for fresh vegetables in Nanjing, China[J]. The Fourth International symposium on Improving the Performance of Sup Fly Chairs in the Transitional Economies, 1006: 225-230.

Loudon D, Bitta A. 1984. Consumer Behavior[M].New York: Journal of Consumer Policy.

Loureiro M L, Umberger W J. 2007. A choice experiment model for beef: What US consumer responses tell us about relative preferences for food safety country-of-origin labeling and traceability[J]. Food Policy, 32（4）: 496-514.

Nelson, P. 1970. Information and consumer behavior[J]. Journal of political economy, 78（2）: 311-329.

Pollitt D. 1998. Logistics management at the threshold of the new millenium[J]. International Journal of Physical Distribution &Logistics Management, 28（3）: 167-226.

Raab C A, Woodburn M. 1997. Changing risk perceptions and food-handling practices of Oregon household food preparers[J]. Journal of Consumer Studies&Home Economics, 21（2）: 117-130.

Schiffman L G, Kanuk L L. 1987. Consumer behavior[M]. Englewood Cliffs, NJ: Prentice Hall.

Schiffman L G, Kanuk L L. 1991. Consumer Behavior[M]. Englewood Cliffs, NJ: Prentice Hall.

Smith D, Riethmuller P. 1999.Consumer concerns about food safety in Australia and Japan [J]. International Journal of Social Economics, 26（6）: 724-742.

Smith V K, Johnson F R. 1988. How do risk perceptions respond to information?The case of radon[J]. The Review of Economics and Statistics. 70（1）: 1-8.

Sockett P N. 1995. The epidemiology and costs of diseases of public health significance, in relation to meat and meat products[J]. Food Safety, 15（2）: 91-112.

Solomon M R. 2015. Consumer Behavior: Buying, Having, and Being[M]. Upper Saddle River, NJ: Prentice Hall.

Srivastava S K, Babu N, Pandey H. 2009. Traditional insects bioprospecting as human food and medicine[J]. Indian Journal of Traditional Knowledge, 8 (4): 485-494.

Trienekens J H, Zuurbier P J P. 2000.Chain Management in Agribusiness and the Food Industry[C]. Proceedings of the Fourth International Conference.

Unklesbay N, Sneed J, Toma R. 1998.College students' attitudes, practices, and knowledge of food safety [J]. Journal of Food Protection, 61 (9): 1175-1180.

Upadhyaya K P, Larson J B, Mixon F G Jr. 2002. The economic impact of environmental regulation on the blue crab industry[J]. International Journal of Social Economics, 29 (7): 538-546.

Vane-Wright R I. 1991. Why not eat insects? [J]. Bulletin of Entomological Research, 81 (1): 1-4.

Verbeke W, Viaene J. 1999. Beliefs, attitude and behaviour towards fresh meat consumption in Belgium: empirical evidence from a consumer survey[J]. Food Quality and Preference, 10 (6): 437-445.

Vyas S B. 1983. Consumer Behavior: Processes, Components and Marketing People[J].Pitam bar Publishing House, New Delhi.

Wilcock A, Pun M, Khanona J, et al.2004. Consumer attitudes, knowledge and behavior: a review of food safety issues[J]. Trends in Food Science &Technology, 15 (2): 56-66.

Williams T G. 1982. Consumer Behavior Fundamental and Strategies [M].St. Paul Min: West Publishing Co.

Williamson P J. 1992. Sales and service strategy for the single European market[J]. Business Strategy Review, 3 (2): 17-43.

Woods W A.1981. Consumer Behavior [M].Amsterdam: North Holland.

Yeung R M W, Morris J. 2001. Consumer perception of food risk in chicken meat[J]. Nutrition & Food Science, 31 (6): 270-279.

Yeung R M W, Yee W M S. 2003. Risk reduction: an insight from the UK poultry industry[J]. Nutrition & Food Science, 33 (5): 219-229.